「AI倫理」戦略ハンドブック

保科学世 ― 鈴木博和
アクセンチュア
ビジネス コンサルティング本部 AIグループ

Responsible AI & AI Ethics

責任あるAI

東洋経済新報社

はじめに

「**人工知能（Artificial Intelligence：ＡＩ）**」という言葉は、１９５６年に開催されたダートマス会議（正式名称は「The Dartmouth Summer Research Project on Artificial Intelligence（人工知能に関するダートマス夏期研究会）」）において、主催者のジョン・マッカーシーによって初めて使用されたとされている。

それから半世紀以上にわたり、ＡＩは何度も冬の時代とブームを繰り返しながら発展を続けてきた。時代のニーズに翻弄されてきたといえなくもないが、現在では多くの人々が特段意識することなく高度なＡＩ技術の恩恵を受けられるようになった。これは長い時間、多くの研究者がその魅力に取りつかれて研究を続けてきたおかげであり、敬服せずにはいられない。

ＡＩは学術界および産業界においてこうして連綿と技術開発・応用開発が進められてきたわけであるが、市民レベルでは長らく「人間への脅威」と意識されてきた。それまでの小説や映画などでの描かれ方による影響もあろう。その意識が変わるきっかけになったのは、そういった小説や映画に出てくるようなＡＩが身近な製品として利用できるようになってからではないだろうか。

アップル（Apple）のＳｉｒｉに音声で話しかけると、音声で答えを返してくれる。スケジュールを教えてくれたり、メッセージを送信したりすることもできる。アマゾン（Amazon）のアレクサ（Alexa）に話しかけると商品の注文を行うことができる。好きな音楽をかけさせることも可能である。人間の身近にいて人間をサポートしてくれる存在。ＡＩはそんな存在だと認識されるようになり、企業にとっても顧客体験の改善や付加価値の創出、業務効率の改善のために積極的なＡＩの活用が進んでいった。

だが、身近な存在になればなるほど、そのＡＩは信用できるのか、ＡＩを信頼して仕事を任せてよいのか、という議論も起こり始めた。ＡＩはその判断根拠が不明である「ブラックボックス性」ゆえに透明性が必要であるという議論がある。また、人材採用ＡＩが「男女差別」をしたり、ＡＩ会話ボットが差別的な発言をし始めたり、警察でも採用されている画像認識ＡＩの認識率に人種による差があることが判明するなど、社会への悪影響があるケースも認知され始めたからである。

しかしこうした議論は、以前の「人間への脅威」という漠然とした危機感に基づくものとは異なり、より具体的でかつ建設的なものとなっている。その中での重要な概念となっているのが「**責任あるＡＩ（Responsible AI）**」だ。

「責任あるＡＩ」とは、顧客や社会に対してＡＩの公平性・透明性を担保する方法論のことである。その考え方のベースにあるのは「人間中心」のデザインであり、機械任せにするのではなく人間が意思決定の中心となって研究・開発・評価・展開を行うということである。人間が中心になる以上、そこには行動指針や規範が必要になる。「責任あるＡＩ」実現のために守るべき規範が「**ＡＩ倫理**」である。

本書の目的は、目まぐるしく変動する世界情勢にあって今求められている「責任あるＡＩ」について理解を深めることと、私たちが意識しなければならない「ＡＩ倫理」について、実際にどのようなリスクがありどのような対策をとればそれらのリスクが軽減されるのか、あるいは効果的に火消しができるのかを理解することである。これらの理解を通して真にＡＩを活用するリーダーとなるための指針が得られるはずである。

本書は、大きく2つのパートに分けて構成している。

Ｐａｒｔ １は、「責任あるＡＩ」と「ＡＩ倫理」について理解を深める**導入編**、**理論編**である。Ｐａｒｔ １の第1章（Ｔｈｅｏｒｙ １）で「責任あるＡＩ」がなぜ今クローズアップされているのかを世界の動向を踏まえながら説明し、その理由を探る。

次に、第2章（Ｔｈｅｏｒｙ ２）でその大きな潮流の中で求められている「ＡＩ倫理」について述べる。

第3章（Ｔｈｅｏｒｙ ３）ではビジネス領域ごとにＡＩが有している潜在的なリスクについて説明し、それらのリスクに備えるための４つのアプローチを概説する。

Ｐａｒｔ２は、それぞれのアプローチについて詳述する**実践編**である。

リスクについて理解するためにはまずは技術的な面での知識が必須であり、アプローチ１（Ａｐｐｒｏａｃｈ１）では潜在的リスクに対してより技術的な観点でのリスクとその対策を説明する。

また、ＡＩのリスクはブランド価値にも影響する。アプローチ２（Ａｐｐｒｏａｃｈ２）では評判リスクを低減しブランド価値を守りあるいは高めるためのアプローチを紹介する。

アプローチ３（Ａｐｐｒｏａｃｈ３）はガバナンスの観点である。企業や組織に求められるＡＩガバナンスについてと、問題が起こった際に効果的に火消しを行うにはどうすればよいかについて説明する。

アプローチ４（Ａｐｐｒｏａｃｈ４）は組織・人材面からの対応策について述べ、最後に、「責任あるＡＩ」でリーダーを目指すためのチェックリストと求められる心構えについて説明する。


本書を通して「責任あるＡＩ」と「ＡＩ倫理」を理解するとともに、その実現に向けて企業・組織内での実践に役立てていただければ幸いである。

２０２１年６月

保科学世
鈴木博和

『責任あるＡＩ――「ＡＩ倫理」戦略ハンドブック』目次

Part 1

「責任あるAI」「AI倫理」とは何か?

Theory
1

なぜ今「責任あるＡＩ」が重要なのか？

Theory 1 のポイント

- 新型コロナウイルス感染症の流行もあり、世の中のデジタル化は急速に進んでいる。
- デジタル化に伴い取得可能になったデータを活用する場合、ＡＩ技術の活用は必須となる。実際に導入も急速に進んでいる。
- 労働生産性が低い日本にとってＡＩ活用による効果は非常に大きく、実際に、ＡＩを活用した意思決定支援も進んでいる。
- 意思決定の現場でＡＩ活用が進むにつれ、人間がいかに介在するかが重要になっており、

ＡＩの実績や透明性に対する「信用」とＡＩが導き出す結論への「信頼」の確保が必須となっている。

- ＡＩのトラブルによるビジネスへの影響は、時として企業を中心とするさまざまな組織に致命的な影響を与える。すでにＡＩにより思わぬトラブルに発展する事例が多発し、社会問題にもなっている。
- ＡＩによるトラブルから消費者を保護するため、欧州・米国を中心に法規制の検討が進んでいる。
- 法規制の整備状況を見極めつつ、単に法整備を待つ、あるいは整備された法律を遵守するだけでなく、ＶＵＣＡ（Volatility＝不安定、Uncertainty＝不確実、Complexity＝複雑、Ambiguity＝曖昧、今日の世界の状況を表す４つの単語の頭文字を合わせたもの）の時代にビジネスを展開するため、企業での積極的な対応が求められている。
- ＡＩによる社会への影響と社会からのＡＩへの影響を正しく理解し、正しくＡＩを活用すること＝「責任あるＡＩ」ではじめて、業界のリーダーとなり得る。

デジタル経済の急激な進展

２０２０年に世界を襲った新型コロナウイルス感染症の流行は私たちの働き方、生活スタイル、価値観に大きな変化をもたらした。「変えざるを得ない」という強制的な状況ではあったが、10年間のデジタル変革が一気に起こったという意見もあるほど従前のビジネス・業務形態において新技術の導入が急激に進んだことは間違いない。

私たちは２０２０年に１１００人（日本企業は１２５人）の上級役職者を対象として、ビジネスの成熟度を４段階（安定型企業、効率型企業、予測型企業、未来型企業）で測定し、各段階におけるＡＩ・クラウド・データなどデジタルの活用状況の評価を行った。さらに同調査への回答内容と、調査対象となった１１００社のうち８１０社に対して公開されている財務データを組み合わせて業績への影響を評価した。

この調査[1]によると、業務遂行において最も高い成熟度を持つ「未来型企業」は全体の約７％に留まっていたが、この未来型企業は昨今の不確実な経済状況にもかかわらず、同業他社と比べて約2倍の効率性と3倍の収益性を実現していることがわかった（図表1-1）。

ここで「未来型企業」とは、ＡＩ・クラウド・ブロックチェーンなどの先端技術を利用できる、知識労働者が作業ではなく判断主体の業務にフォーカスできる状態になっている、プロセスが

図表1-1　「未来型企業」における「パフォーマンスの向上」と「未来への対応度合い」

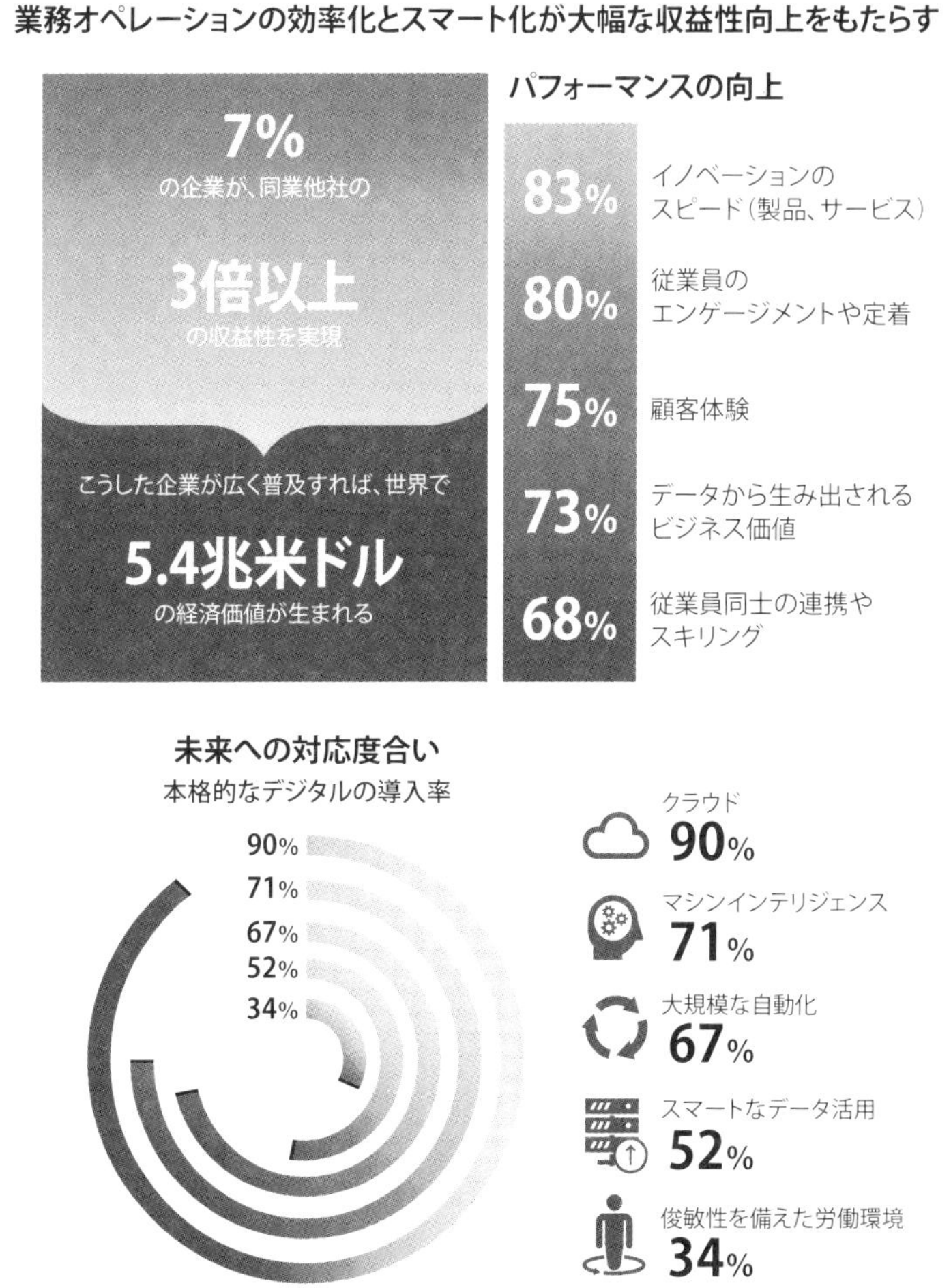

出所：Accenture Research and Oxford Economics Intelligent Operations Survey, 2020

デジタル化されている、多様なデータをＡＩで大規模に処理できる、などの状態を満たす企業と定義している。

新型コロナウイルス感染症の拡大によって急速なデジタル化が余儀なくされたことを踏まえ、私たちは自動車業界（48％）、保険業界（42％）、銀行業界（37％）などを筆頭にして、２０２３年までに未来型企業に進化を遂げる企業の割合が増えると考えており、こうした未来型企業の増加により生み出される経済価値は世界で５・４兆米ドル相当になると予想している。[2]

こうした未来型企業が成長する土壌、それが「**デジタル経済**」である。

デジタル化された財・サービス、情報、金銭などがインターネットを介して、個人・企業間で流通するデジタル経済において、持続可能でかつ競争優位性のあるサービス実現のためにはＡＩ活用は必須となっている。機械（コンピュータ）はデジタル化された情報を人間よりも高速かつ大量に処理することができる。デジタル経済においてはデータの「質」だけではなく「量」も重要になるため、人間中心のサービスデザインを実現しながら、裏方で機械をいかに活用できるかが競争戦略上の避けては通れないポイントになっている。

近年のＡＩ研究における目覚ましい進展と応用技術の発展により、この裏方を担う機械として多くの企業で導入もしくはＰｏＣ（Proof of Concept：概念検証）という形で、「再び」大きな期待をもって受け入れられたＡＩ。実際、私たちのグローバルでのエグゼクティブ・サーベイによると、役員アンケート回答者の60％がデジタル経済の競争優位性を得るためにはＡＩの導入が必要だと回答している。

では、新型コロナウイルス感染症の蔓延という世界的な危機を契機に進展したデジタル経済はＡＩにどのような影響をもたらすのだろうか。

デジタル経済の急速な進展は、これまで人間が時間とコストをかけてきた業務に対してＡＩでサポートすることを一気に加速する。例えば、化粧品メーカーでのカスタマーサポートを取り上げよう。カスタマーサポートはメーカーにとって重要な顧客接点であり、そこに寄せられる問い合わせや要望、不満などのＶｏＣ（Voice of Customer：顧客の声）は企業にとっての価値創出の源泉ともなりうる。デジタル化が進むと顧客は電話だけではなく、メール、メッセージアプリ、ＳＮＳなどのさまざまなチャネルを組み合わせて企業とコミュニケーションをとりたがる。

例えば、ある化粧品に不満があるユーザーは普段使っているコミュニケーション手段であるＬＩＮＥで企業に要望を伝えたいと考えるかもしれない。ＬＩＮＥでやり取りしているうちに、「商品の使い方についての不満なので文章より言葉で説明したほうが早い」ということになり、案内された電話番号に電話をかける。電話先のエージェント（問い合わせ担当者）は、すでにこれまでＬＩＮＥでやり取りされていた内容についてシステム上で把握しており、過去の問い合わせ履歴から適切な使い方等についてリコメンド（推薦）ＡＩにより提示された内容を案内する。またそのときの音声は「改善要望あり」と分類され記録される。

通話は自動的に音声認識によりテキスト化され、「改善要望あり」と分類された通話の問い合わせの内容やそのほかさまざまなチャネルから収集されるＶｏＣは定期的に自然言語処理技術を使って分析され、重要と思われるものは商品企画部門や研究開発部門に報告されるようになっている。

商品企画部門では地域別の各商品の売り上げ状況や過去の広告などの施策効果、気象情報、ＳＮＳのトレンド、店舗エリアの人流データ、先ほどのＶｏＣレポートなどが一緒にダッシュボードに表示され、それに基づき商品戦略を考える。研究開発部門では消費者から寄せられる要望・不満を即座に新製品、新材料、新容器の研究開発に活かすことができる。

ほぼリアルタイムに集計・提示される情報を使った戦略策定は企業の敏捷性を向上させ、プロダクトアウトの発想からマーケットインの発想になり、「市場に聞く」という商品開発がさらに顧客の関心を高める。カスタマーサポートへの要求とそれを受けての新商品のサイクルの短縮は更なる顧客満足度、顧客ロイヤルティ（忠誠心）を向上させる。

メーカーが消費者に製品を直接販売する「Ｄ２Ｃ（ダイレクト・ツー・コンシューマー）」によって、ＡＩでロイヤルティが高いと推定される顧客にはその客層にあった収益率が高いプレミアム商品を提示し、さらに収益率を上げる。

化粧品産業では個人の好みや季節、流行があるので販売機会を逃さないよう多くのラインナップをそろえる必要があるが、売れ残りが発生し、廃棄処理のためのコストもかかってしまうという点が問題となっていた。ＡＩにより売れ行きの予測ができればこういった廃棄処理される売れ残りも削減され、さらに材料調達の効率も上がる。これにより規模の経済が働き、生産におけるコストも削減されるという効果も生まれる。また、廃棄ロスの削減はサステナビリティ（持続可能性）にもつながり、ブランド価値の向上にも寄与する。

　これがデジタル経済の進展により実現されつつある企業（この場合化粧品メーカー）の姿だ。今までＶｏＣを商品戦略に活かすには企業にとって並々ならぬ努力と知見・経験、人手が必要だった。情報がデジタル化されるとそれらの相互連結を通して新たなデータが生まれ、それをＡＩにより解析・分類・推定することで人間の情報処理量よりもはるかに膨大なデータに基づいた意思決定ができるようになる。さらに研究開発、企画、調達、製造、流通、販売、カスタマーケアというバリューチェーンがデジタルによってつながり、ＡＩの支援によってビジネス自体を大きく変革することも可能になるのだ。

　このようにデジタル経済の進展という今までにない文脈でＡＩを捉えれば、これまでのような一過性のブームで終わることはなく、むしろ必須技術としてその地位を確立しつつあることは当然の結果だろう。

　近年の日本においては、付加価値向上と働き方の効率化という観点でデジタルトランスフォーメーション（ＤＸ）が推進されてきたが、コロナ禍というブラックスワン（マーケットにおいて予測不能で起きたときの衝撃が大きい事象）は私たちのビジネス基盤がいかにデジタル化の波に乗り遅れていたのかを浮き彫りにした。

だが、このショックはゆでガエルと揶揄される日本企業にとっての大きな転換点になることは間違いない。今後世界に伍して戦っていけるかは、デジタル経済の中でＡＩを含む先端技術をいかに取り込み、新たなビジネス・エコシステム（生態系）を構築するのかにかかっている。

デジタルツインの波とＡＩ

デジタル経済の進展の中で注目すべき技術トレンドの一つに「**デジタルツイン**」がある。

１９７０年４月、月面着陸ミッションで月に向かう途上にあったＮＡＳＡ（アメリカ航空宇宙局）アポロ13号は酸素タンクの爆発により深刻な損傷を受けていた。32万キロメートル以上離れた場所ではアポロ13号のもとに向かうこともできず、宇宙飛行管制官たちも当の宇宙飛行士たちも、問題の診断をしようにも起こっている状況を把握することすら困難だった。

だが幸いなことに、ＮＡＳＡにはヒューストンに15台のシミュレーターがあった。これらの装置は、アポロ13号のさまざまな部品やミッションの状態を表しており、シナリオのシミュレーションをするために相互にネットワーク接続されたコンピュータによって制御されていた。これらのシミュレーターを宇宙で起こっている状況を再現するように変更することで、管制官たちは全員を帰還させるための計画を迅速かつ安全にテストし、改良に改良を重ね、最終的に無事に乗組員たちを地上に戻すことに成功したのだ。

この技術は現在多くの企業が構築している「デジタルツイン」の先駆けとして知られている。デジタルツインとは現実世界の状況をＩｏＴデバイスなどで収集したデータを基に仮想空間（デジタル空間）上で再現する技術である。現在、多くの企業がデジタルツインを構築しており、産業に不可逆的な変容をもたらすものと考えられている。

デジタルツインが採用された当初は、散在しているデバイスを監視し、シミュレーションを通して合理化することができる点が支持されていた。しかし最近では、シミュレーションモデルの規模拡大、ＡＩの多重化による複雑な予測、採用する企業・組織数の増加により、その公式が変化している。リーダー企業では、デジタルツインの大規模ネットワークを構築し、工場全体や製品ライフサイクル、サプライチェーン、港湾、都市などの生きたモデルまで作り始めているのだ。

私たちが日本を含む31カ国、計６２４１人のビジネス・ＩＴ経営層に対して２０２０年12月から２０２１年１月にかけて実施したグローバル調査[3]によると、87%が戦略的エコシステムの協業においてデジタルツインが組織能力として必須になりつつあると回答している。

私たちはこのようにデジタルツインによってもたらされる世界を「**ミラーワールド（Mirrored World）**」と呼んでいる。ミラーリングされた世界は強力なシミュレーション能力を有するため、データ基盤を整備することで従来のイノベーションプロセスを再構築することも可能である。

なぜならデジタルツインは、現実世界を模倣しているだけではなく、新製品のアイデアを検討したり、さまざまな可能性のある未来に向けて戦略を練ったり、無限の「もしも」シナリオを探索するための、リスクのない実験場となりえるからである。

　現在、この種のシミュレーションを試みている企業のほとんどは小規模な実施にとどまっているが、完全にミラーリングされた環境で複数のツインを利用できるようになればその潜在能力は計り知れない。例えば、製造業においてＡＩを使ってデザインの候補を自動生成し、人間の作業者とＡＩシステムが協働しながらデザインを進め、デジタルツイン上でのシミュレーションにより低コストで多数の製品テストが実施できれば、製造までのリードタイムを大幅に短縮することも可能になる。さらに、提供者側だけでなく利用者（顧客）側もデジタルツインによりすべての瞬間がミラーワールドにリアルタイムに写像されるようになると、ミラーワールドの中でＡＩを活用して高速・高度に提供者と利用者のマッチングが行われるようになる。そこでは、抽出されたアクションがリアル世界に自動反映され、現実の世界で最適なサービス／商品がリアルタイムに提供されるようになる（図表1-2）。

　ミラーリングされた世界はすべてがデータ化されているので、まさにＡＩが要となる。ＡＩによる予測、分類、生成、それらを組み合わせた強力なシミュレーション機能・マッチング機能・リコメンデーション機能は、人間の知見を超えた成果を生み出すことも可能だ。デジタルツインの波に乗るには、ミラーリングされた世界におけるＡＩ活用のビジョンをいかに描くか

図表1-2　「デジタルツイン」によるサービスの変革

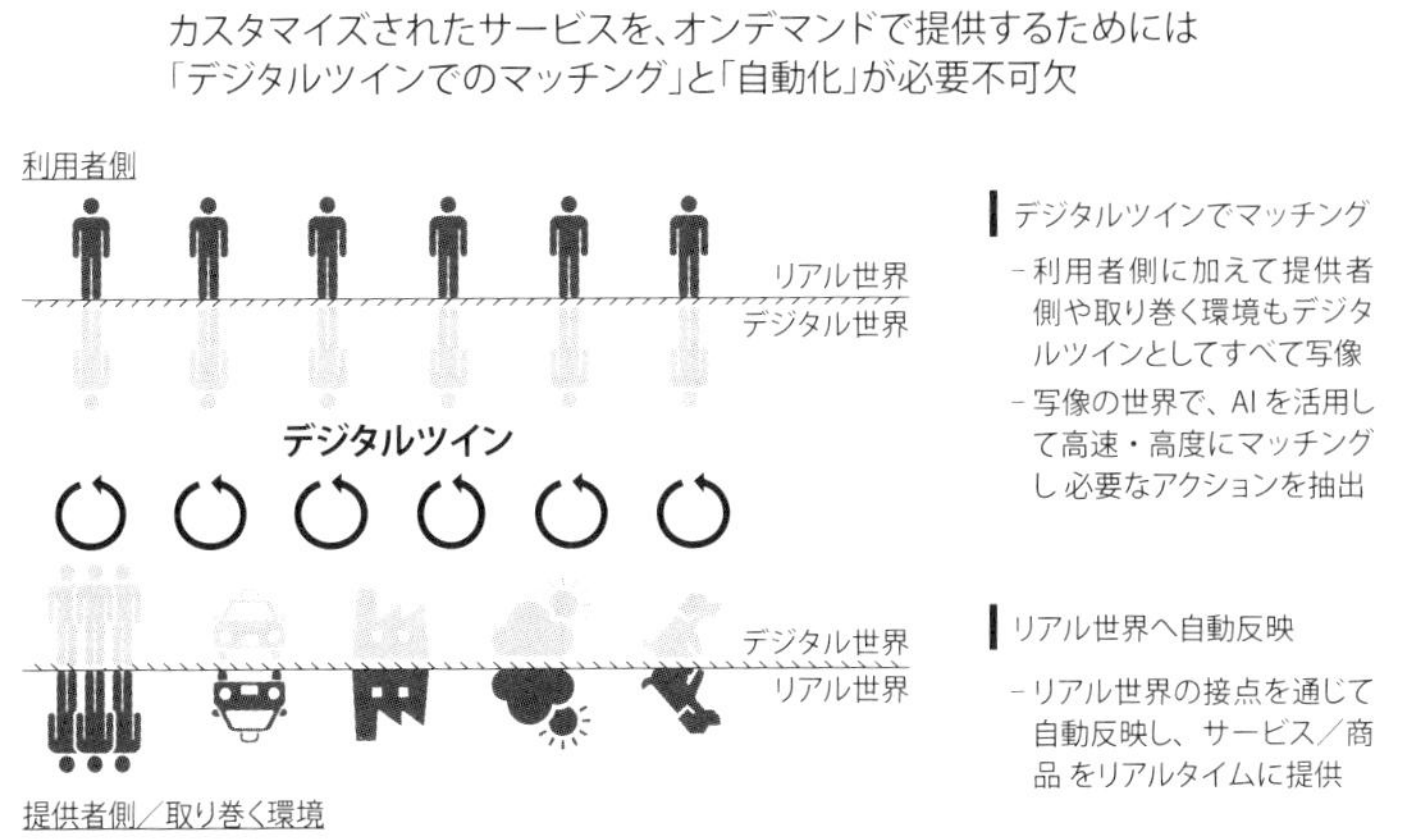

出所：アクセンチュア

が重要になる。

労働生産性におけるＡＩの貢献

日本の労働生産性が低いことは、メディアでも取り上げられることが多い。そこで次にＡＩの労働生産性への影響の観点で見てみよう。

公益財団法人日本生産性本部の「労働生産性の国際比較２０２０」[4]によると、ＯＥＣＤデータに基づく２０１９年の日本の時間当たり労働生産性は、47・9ドルであり、これは米国の同77・0ドルに対し約6割の水準となっている。時間当たりの労働生産性でみる日本の順位はＯＥＣＤ加盟国37カ国中21位、先進主要7カ国で見ると、データが取得可能な

１９７０年以降最下位の状況が続いている。

ちなみに時間当たりの労働生産性は「ＧＤＰ（付加価値）／（労働者数×労働時間）」で算出されるので、産業構造などの要因が分子に影響する可能性があることも考慮しなければならない。例えば、企業の租税負担を軽減することによりグローバル企業の誘致を促進し、ＧＤＰを引き上げているアイルランドやルクセンブルクなどの国では、時間当たりの労働生産性も非常に高くなっている。

今後日本が、先進主要7カ国で最下位というこの時間当たりの労働生産性を上げていくためには、分子、すなわち付加価値を向上させていくか、分母、すなわち「労働者数×労働時間」を低減させていくしかない。デジタル経済の進展において、ＡＩを活用することは付加価値向上と労働時間削減の両方に寄与する。ＡＩの積極的な活用は日本の労働生産性向上のために必須なのである。しかも日本において特に懸念されるのは分母、すなわち「労働者数×労働時間」における「労働者数」の部分である。

令和2年版「厚生労働白書」[5]によると日本の人口は２００８年をピークに減少に転じており、今後は高齢者数の伸びの鈍化と64歳までの人口減少の加速により、その傾向は強まるとされている。実際、２０２０年以降5年ごとの人口増減率（推計）を年齢階級別に見ると、65歳以上の増加率の幅よりも20～64歳の減少率の方が大きくなっている。

最近では企業でのシニア人材の活用など、こうした労働人口の減少を何とか補おうとする取

図表1−3　2035年の各国GVA成長率

日本はAI活用による潜在的経済効果が高い

企業がAIを最大活用した場合とそうでない場合の、経済成長への影響の差が約3倍と各国に比べて大きい。
また、AIの活用が進まない場合における成長予測が最も低く、競争力の維持・強化にAIの活用は不可避といえる。

2035年の各国のGVA成長率（GDP成長率にほぼ相当）の比較

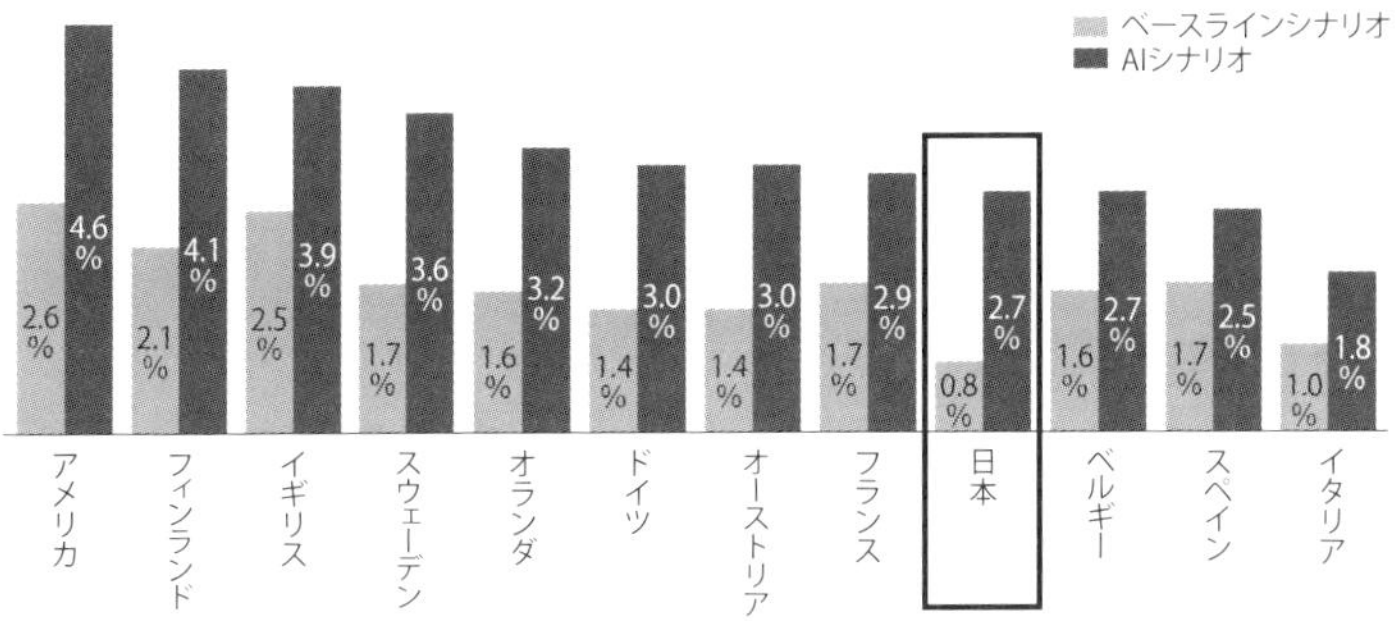

出所：アクセンチュアおよびフロンティア・エコノミクス、2016年

り組みが進められている。とはいえ、全体の人口が減少していく今後の日本の国際競争力を考えると、デジタルを活用したこれまで以上の働き方の効率化、意思決定の効率化、人材の流動性の向上、属人化された知識すなわち暗黙知の形式知化、知識共有の効率化、より付加価値の高い業務への人材のシフトを行っていく必要がある。

　アクセンチュアによる２０１６年の調査によると、２０３５年の各国推定ＧＶＡ成長率（ＧＤＰ成長率にほぼ相当）において、日本はＡＩ活用が進まないと想定したベースラインシナリオで成長率が０・８％程度となる。一方、ＡＩが最大限に活用されると想定する場合には２・７％と、実に成長率を３倍以上に伸ばせると予測している（図表１−３）。ＡＩは日本においてこれだけ大きな潜在的効果を秘めているからこそ、競争力の維持・強化に向けたＡＩの活用は、日本企業にとって今まさに取り組むべき喫緊の課題なのである。

２０２０年以降のコロナ禍では人の移動が著しく制限され、これまでのビジネス形態が大きく変わってしまうほどのインパクトがあったが、日本企業にとって、これが成長の機会になる場合もある。

半導体製造装置を例に挙げると、従来は、熟練作業者が設置場所となる工場に飛び、現地で装置の立ち上げや保守を支援しなければならなかった。半導体工場には非常に厳しい情報管理が敷かれており、現地に出向かなければ支援できなかったからである。しかし新型コロナウイルス感染症の感染拡大により各国政府が渡航制限を強めた結果、こうした熟練作業者が現地に出向くことができなくなってしまった。

そこで注目されているのが半導体製造装置の遠隔監視サービスである。半導体製造装置大手の東京エレクトロンは診断機能や学習機能を装置に搭載しており、「テレメトリクス」と呼ぶ遠隔監視サービスにより装置からのデータを収集、日本の拠点で解析して安定稼働を支援している。コロナ禍により装置のデータ通信を認めるメーカーも増えており、効果が実証されれば今後もますますＩｏＴとＡＩを活用した半導体製造装置の生産性向上が進められていくだろう。この事例は働き方の効率化、意思決定の効率化、知識共有の効率化を通した労働生産性向上の好例といえるだろう。

今後加速する少子高齢化の中で労働生産性を上げるのは、単に労働時間を短縮する、シニア世代も活用するといったこれまでの延長線上の取り組みでは難しい。デジタル経済の中での付加価値向上と労働の効率化を同時に進めなければならないからだ。しかし前節で述べたように、決して日本は悲観するポジションには位置していない。ＡＩをはじめとする先端技術を融合し最大活用することで日本が有するポテンシャルを引き出すことができるのだ。

意思決定におけるＡＩの役割

企業活動は意思決定の連続から成り立っている。最も大きな意思決定は大きな金額が動く経営戦略上の意思決定だろう。企業における事業売却やＭ＆Ａ、投資戦略などがそれに相当する。しかし意思決定は現場レベルでも起こっている。複数のタスクのうちどちらを優先するか、発生している不具合などの現象に対応するためどういった手段をとるべきか、部下をどのように評価するか、顧客からの問い合わせにどのように回答するか、面接した新卒・中途人材の誰を採用するか、などである。こういった現場レベルでの意思決定から経営層による意思決定までが「企業」という従業員の集合体の中で常に行われ、互いに関係し合いながら、一企業としてのモメンタムを生み出しているのである。

これらの多様な意思決定の大半は人間が行っており、ということは人間の思考の「クセ」が意思決定に影響することになる。過去の成功体験や見聞きした事例、勘などに頼った意思決定、いわゆるＫＫＤ（勘・経験・度胸）による意思決定に及ぼす認知バイアスの影響である。

例えば私たちは何かを判断したり決定したりするときに、その状況に関連して思い出しやすい事例や情報の入手のしやすさに判断が影響されることがある。記憶から呼び出しやすい事項を相対的に重要だと認識してしまうのである。行動経済学のプロスペクト理論の第一人者ダニエル・カーネマンは著書『ファスト＆スロー』[6]の中でこのような意思決定を「**利用可能性ヒューリスティック**」（ヒューリスティックとは解にたどり着くための経験則や発見方法）と呼んでいる。

あるグループの製品がよく売れていると社内の報告で耳にしたことがあり、社外の人も同じようなことを言っているのを聞いたとする。すると「よく売れている製品グループは？」という問いに対し、最近見聞きしたその製品グループを挙げてしまうという思考法だ。しかし厳密に考えれば、その製品グループが対象にしている顧客層と今議題に上っている顧客層とが一致しているのか、対象としている時期はいつか、対象の地域はどこか、などさまざまな条件を考え合わせたうえでないと「よく売れる」が定義できないのに気づくはずだ。思考における非論理的な近道がヒューリスティックであるが、これが意思決定に悪さをしてしまうことがあるのだ。

また自分が信じたことを裏付けようとするバイアスもある。例えば「企業の収益性を高めるためにジョブ型雇用を採用する」という意思決定を考えよう。最近、ジョブ型雇用を導入する日本企業が増えている。リクルートキャリアの調査[7]によると、全国の企業の人事担当者１２２４人にアンケートを実施した結果、「ジョブ型雇用」導入は全体の12・３％で従業員規模が大きいほど導入率が高く、従業員５０００人以上では約2割の企業が導入済みとのことである。

　新聞等でもジョブ型雇用の報道が多く見受けられるので、このようなジョブ型雇用導入の「目につきやすさ」は前述の利用可能性ヒューリスティックにつながり、重要視されやすくなる。そして、導入を前向きに検討している担当者であれば、導入企業において収益が上がっているという情報を優先して収集し、自分の考えを裏付けようとしてしまう。

　これは「**確証バイアス**」と呼ばれるもので、ＡＩ／機械学習のデータやモデル検証の際にも影響する場合があり、後ほど詳述する。なお、アクセンチュア自身、専門性をベースとしたジョブ型雇用を採用しており、ジョブ型雇用そのものを否定しているわけではない。古くはユリウス・カエサルが「人間ならば誰にでも、現実のすべてが見えるわけではない。多くの人は、見たいと欲する現実しか見ていない[8]」という名言を残しているが、重要なのは、私たちは多かれ少なかれこうしたバイアスの影響から逃れることは不可能だという事実である。

　このように、人間の意思決定においてはバイアスの影響をどうしても受けてしまうため、意識していても排除することはなかなか難しいのだが、その人間の欠点を補うことができるとされているのが**データ駆動型の意思決定**である。よく売れている製品グループを見つけ販促を強化したければ、期間・地域・購入消費者層・実施した販促施策・在庫数・売上数量・その他関連情報（競合他社の状況、ＳＮＳのトレンド、世の中の動向）などさまざまな軸で分析可能なデータを用意し、それらのデータから意味のある知見を導き出し意思決定に利用する。

　このようなデータ駆動型の意思決定は、これまでのＫＫＤ（勘・経験・度胸）という「定性的」な意思決定ではなく、数値で根拠を表すことができる「定量的」な意思決定である点が最も大きな差異であり、「なぜその意思決定を行ったか」をたどることができるというトレーサビリティ（追跡可能性）のある意思決定ともなっている。

　このデータ駆動型の意思決定の先にあるのが**ＡＩ支援による意思決定**である。

　データ駆動型の意思決定では使うデータは「過去」や「現在」を表す。その過去・現在のデータを使って人間が意思決定を行う。一方、ＡＩ支援による意思決定では「過去」のデータで学習したＡＩに「現在」のデータを入力し、今何が起こっているか、あるいは将来何が起こりそうかをＡＩに予想させ、それを参考に意思決定を行う。人間がデータを読み解く作業を軽減し、本当に知りたい結論をＡＩが提示してくれるので、その結論を企業としてあるいは担当者として受理可能かどうか、状況を考慮し妥当かどうかを判断する。

　「現在」のデータを入力すると今起こっている状況を識別するＡＩの代表的な例は、医療画像診断支援システム（Computer Aided Diagnosis/Detection：CAD）用ＡＩである。ＣＴなどの医療画像に対して個々の疾患の検出・鑑別をしたり、放射線科向けに放射線画像の読影レポートを半自動生成したりするなど、医療画像診断においてのＡＩ技術の適用は急速に進んでいる（図

図表1-4　健康・医療・介護・福祉領域におけるAI利活用領域

	AI活用例
予防領域におけるAI開発	・PHRデータを用いた疾病予測 ・IoTを用いたモニタリング ・生活指導
診断・治療支援領域におけるAI開発	・AI問診 ・AI（画像解析等）を用いた診断支援・手術支援 ・治療支援アプリ
介護・認知症領域におけるAI開発	・見守りIoT ・介助ロボット ・認知症および周辺症状予測
医薬品開発領域におけるAI開発	・医薬品候補分子探索 ・薬物動態予測 ・自然言語処理を用いた論文検索
ゲノム医療／オミックス解析におけるAI開発	・妊婦の病気の予兆診断 ・ゲノム解析プラットフォーム ・知識データベース
健康・医療・介護・福祉分野における情報基盤	・医療画像診断支援AIプラットフォーム ・医療AI開発支援プラットフォーム

出所：アクセンチュア

表１－４）。

例えばディープマインド（DeepMind）などの研究機関が開発したＡＩはマンモグラフィ画像を自動解析し乳がん判定を行うもので、専門家医との鑑別結果と比較したところ偽陽性、偽陰性においていずれも数％の改善を達成したという。偽陽性は「乳がんであると誤診してしまう比率」、偽陰性は「乳がんの見逃し率」を意味するので、専門家医と同等以上の診断が可能であることを意味している。

ＡＩの訓練に用いたデータは合計９万人以上の匿名化されたマンモグラフィ画像とされてい

るが、アルゴリズムは網膜スキャン画像から糖尿病性網膜症を検出するためにグーグル・リサーチ・チームが最初に開発したものがベースとなっており、医療画像診断における技術的な観点での類似性は、今後のさまざまな疾病診断への展開を期待させるものである。

富士経済の調べ[9]（２０２０年）によるとＡＩ搭載型医療画像診断支援システムの国内市場規模は２０３２年で43億円規模と予想されている。従来の医療画像の読影は専門性が高く、また目視ではなかなか区別がつきにくい症例があるなど課題があったが、画像認識ＡＩの支援により、そういった課題が少しずつ解消されつつある。

医療分野をはじめとして健康・介護・福祉領域にもＡＩ適用は広がっており、ロボット技術・ＩｏＴ・ブロックチェーンなどの技術との組み合わせと情報基盤の整備によって、医療の高度化／効率化や、生活の質の向上などにＡＩは貢献しはじめている。

「現在」の状況識別に続いてＡＩに向けられる期待は未来の予測である。「過去」や「現在」のデータから将来を予測する代表的な例としては需要予測が挙げられる。従前の需要予測は担当者の勘や経験に依存する部分が多く、属人的な業務とされていた。これをＡＩであったり、データを使って精度よく予測しようというものである。

事例　海運大手ONEにおけるコンテナ需要予測の取り組み

ここでは海運業における空コンテナの在庫の最適化事例として、海運大手のオーシャンネットワーク エクスプレス（ONE）と私たちアクセンチュアとの取り組み事例を紹介したい。

ONEでは旧来、在庫適正化のために精確な需要予測、在庫の最小化と不足の回避、拠点ごとの特性や傾向を反映した適切な在庫管理などに課題意識を持っていた。しかし、「実際どの拠点にどの程度の在庫を持つか」というロジックは明確化が難しく、それまで現場担当者の経験と肌感覚といった経験則に頼った管理を行わざるを得なかった。そこでONEはコンテナ管理に関連するさまざまな変数の関係性と数理モデルから、適正在庫を科学的に算出することを目的とするプロジェクトを開始した。そして、その計算のための戦略的な主要因を以下の4つに集約した。

- 全世界における精確な需要、輸入業者からの返却数を予測
- 需要と表裏一体である、最適な空コンテナ在庫量の算出
- コンテナ回送ルートの最適化

- 空コンテナ回送費用の運賃プライシングへの反映も含めた、運賃の妥当性評価

そして私たちが主に小売業界向けに提供している在庫・補充最適化サービスの「ＡＦＳ（Accenture Fulfilment Service）」を活用することになった。その活用方法は、以下のとおりである。

- 全世界のコンテナの在庫管理拠点（約６５０カ所）のそれぞれについて、コンテナタイプ、サイズごとの適正在庫量や過不足をはじめとする「需要予測」をＡＦＳが算出
- 不足時は他拠点から補充すべき数量を、余剰時は他拠点へ送り出すべき数量をＡＦＳが自動で算出し、複数の拠点での在庫最適化を図る
- ＡＦＳが算出した最適在庫数量をもとに、「ＯＰＴ（Optimization System）」が「どの拠点からどの拠点へ」「どのように運送するか」といったルート最適化を計算

これらにより需要予測精度が従来と比べて10〜15％改善し、余剰在庫削減も実現することができたのである。

需要予測の事例は近年増えてきており、コンビニや店舗等でのフードロスの解消や機会損失（欲しい客がいるのに在庫切れで商品がない）の低減などの目的で小売業・卸業での応用も進んでいる。いずれもベテランと呼ばれる担当者や店長がそれまでの経験や勘で行っていた発注業務をＡＩで支援するというものだ。

現在、多くの会社が抱えている課題として「施策検討のために必要な粒度へブレイクダウンできない」、「最新データに基づく意思決定ができない」、「担当者ごとに予測手法、精度にばらつきがある」、「意思決定基準が属人化している」、「計画変更時の影響計算に時間を要しタイムリーな意思決定ができない」などが挙げられる。

このような課題に対し、ＡＩによる予測やＫＰＩ（Key Performance Indicator：重要業績評価指標）の達成状況のモニタリング、異常検知、利益最大化・リスク最小化などの対応シナリオの提示、シミュレーションの実施などのニーズはますます高まっており、取り組みを進めている企業も増えてきた。これらはまさに前述の「ミラーワールド」の典型例であり、迅速な経営判断に寄与するものである。

私たちも、最新データを反映した経営ＫＰＩの可視化、モニタリング、複数の戦略シミュレーションによる素早い経営判断と実行を可能とするべく「AI POWERED マネジメントコックピット」を開発している[10]（図表１−５）。

同様に、専門家やベテランの経験や知識、勘に頼っていたものでＡＩが支援できるようにな

図表1-5 AI POWERED マネジメントコックピット

客観的な予測や推奨シナリオをベースに、AIが計画の修正オプションを提案し、修正後のKPIインパクトをシミュレーション。経営層と担当者間のインタラクティブなコミュニケーションを支援し、早期経営判断が可能となる。

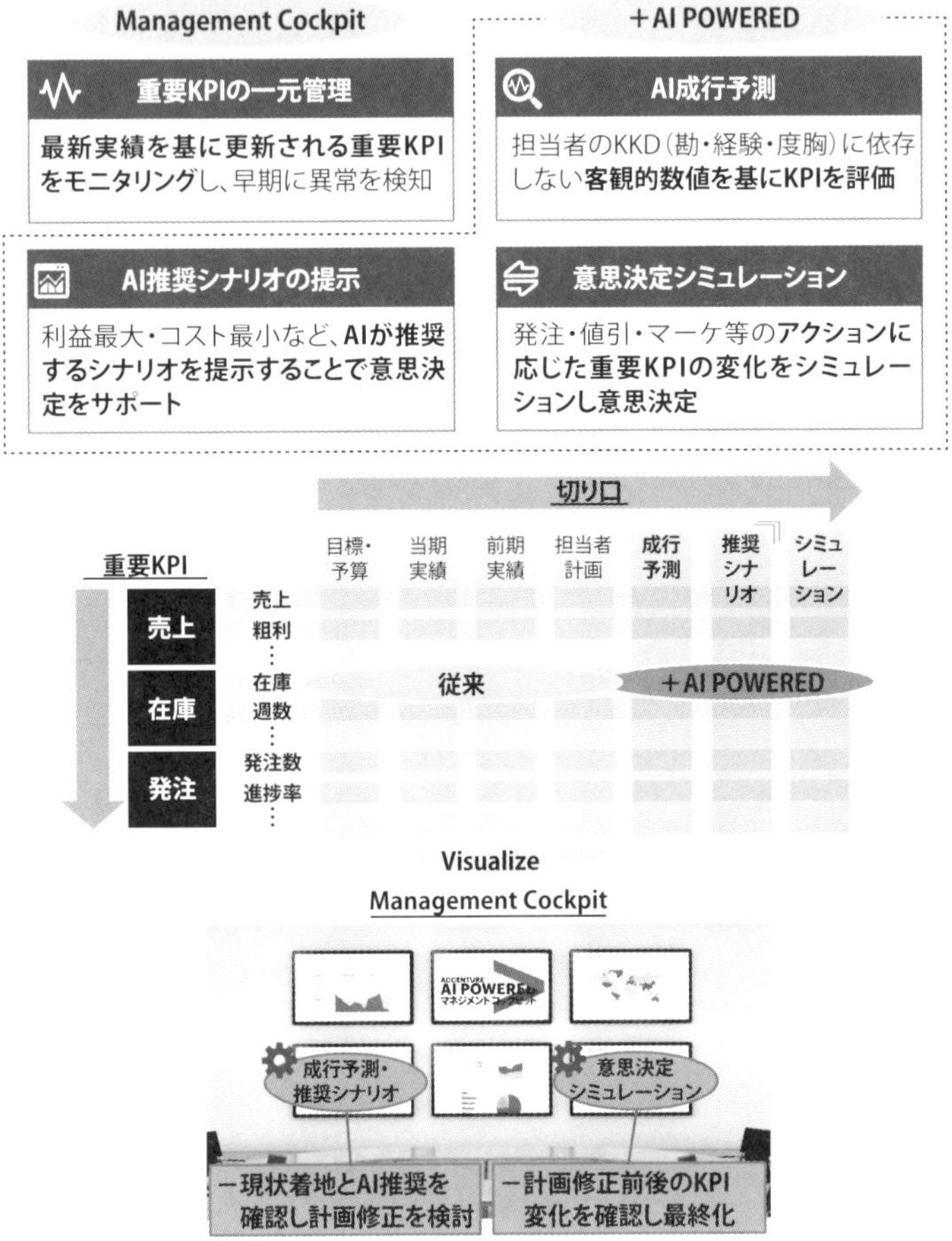

出所：アクセンチュア

ったものに「材料開発」がある。

材料は構成する成分の組み合わせ、配分、構造などによって特性が変わってくる。この無数の材料候補に対する無限ともいえる組み合わせの中から所望の機能を有する材料を見つけ出すのが材料開発である。欧州で先行している脱炭素の動きはガソリン車・ディーゼル車からＥＶ（電気自動車）へのシフトを加速しており、日本でも菅義偉首相が就任後の所信表明演説で「２０５０年までにCO_2排出量を実質ゼロにする」という目標を宣言し、その後２０３０年目標値も発表されるなど、ＥＶ活用に向けて自動車業界は大きな転換点を迎えている。

ＥＶはモーターでタイヤを駆動するためエンジン等に関係する部品が不要となり、ガソリン車の部品点数が約３万点といわれているのに対し、ＥＶでは部品点数は１万点程度だとされる。その中で大きなコストを占めるのが車載用バッテリー（電池）である。ＥＶの性能とコストを左右するまさに心臓部といえるだろう。現在主流となっているのはリチウムイオン電池だが、エネルギー密度・信頼性・耐久性・安全性に優れた次世代電池を実現するべく世界の電池・材料メーカーで自動車メーカーも巻き込んだ激しい開発競争が繰り広げられているのだ。

このような状況で非常に期待されているのがＡＩを活用した電池用の材料開発である。特に材料開発に情報科学を融合させ、開発や探索を効率的に行おうとする取り組みは「**マテリアルズ・インフォマティクス**」と呼ばれる。

マテリアルズ・インフォマティクスは、①材料組成式と特性データの収集、②材料特性を計算機で処理しやすいように記述子と呼ばれる数値列データに変換し、材料に対応した数値列に対して機械学習で特性を予測、③前述の特性予測器を使って所望の特性を有する材料を探索、④実証の4つのフェーズからなり、主に②、③においてＡＩが活用されている。

従来はベテラン研究者の経験や勘がモノを言う分野であったが、ここにＡＩを活用することで、より効率的かつ広範に材料の探索・開発を行うことができる。また、マテリアルズ・インフォマティックスは医薬品の開発でも活用が進んでおり、ここでもやはり人間がかなりの時間と労力をかけてきた業務（医薬品の探索・開発）の効率化、高度化へとつながっているのである。

ＡＩによる「将来」の予測は医師の診断支援にも広がり始めている。健康分野であれば生活習慣病リスクの予測ＡＩも代表例だろう。日本人の三大死因である、がん、脳血管疾患や心疾患、またそれらの危険因子となる動脈硬化症・糖尿病・高血圧症・脂質異常症などが生活習慣病であるとされる[11]。

現在の疾病全体に占める生活習慣病の割合は医療費では約3割を占めており[12]、国民の健康に対する大きな脅威となっている。生活習慣病は食事や運動・喫煙・飲酒・ストレスなどの生活習慣が深く関与していると考えられており、生活習慣を改善することで発症リスクを低減し、医療費削減にも貢献できる。

私たちは国立研究開発法人国立国際医療研究センターと、約12万件の匿名化された健康診断データに含まれる既往歴、服薬状況、血液検査結果などの健康データや運動や喫煙、飲酒などの生活習慣データなどを分析し、生活習慣病（糖尿病・高血圧症・脂質異常症）のリスク要因について疫学的にも解釈可能な予測モデル構築を目指し、共同研究を開始している。[13] こういった予測モデルは医療従事者向けの健康指導の支援などへの応用が考えられている。

例えば、糖尿病においては血糖コントロールが不十分で高血糖状態が続くと、腎臓のろ過機能が低下し、糖尿病性腎症を発症する。高血糖の状態が改善されないと腎機能はさらに悪化を続け、最終的には患者にとって負担の大きい透析が必要な腎不全となってしまう。糖尿病患者１人当たりの年間医療費を比較すると合併症なしの場合と重度の腎不全とでは１００倍以上の差が出てしまうという。[12] また、日本は人口１００万人当たりの透析患者数が世界第2位で透析患者数も年々増加しており、腎移植を必要とする患者も多く存在している[14]のが特徴である。

腎移植をした場合、ドナーから提供された移植腎はレシピエントから見ると異物のため、拒絶反応が生じて腎臓機能を失ってしまうリスクがある。[15] 昨今の腎移植では、ドナー選択時に行うＨＬＡ適合性判断や免疫抑制剤による拒絶反応制御によって、移植腎の生着期間が劇的に改善しているが、現行の治療法では制御が困難な免疫反応による慢性拒絶反応や、免疫抑制剤を長期間使用することによる副作用により、移植患者のＱＯＬ（クオリティ・オブ・ライフ）の低下が懸念されている。

そこで私たちは東京女子医科大学とともに、観察検査結果からの早期の慢性拒絶反応や副作用の予見、交絡因子（原因と結果の因果関係において間接的に影響する変数）の検証、最適なドナーとレシピエントの組み合わせの発見、有効性の高い治療法の選択などにおいて、実効性の高いＡＩの活用法を検討している。これまで２５００例以上の腎移植に関わり、日本トップレベルの実績・経験を有する、東京女子医科大学病院 病院長兼泌尿器科の田邉一成教授は「腎移植では複雑な診断、治療過程が求められるが、医療領域においてＡＩのような新技術の活用はこれからの日本において必須であると考えている」と述べている[16]。

この２例は「責任あるＡＩ」実現に向けた私たちの取り組みとして、本パート第３章（Ｔｈｅｏｒｙ ３）でも詳しく取り上げる。

このように人間の意思決定が必要な場面でＡＩによる支援がますます広がっているが、こうしてＡＩが人間の意思決定、しかも人の命にも関わる判断に影響を及ぼすようになってくると、次のような疑問を持つ人がいるかもしれない。

「ＡＩにすべての判断を委ねてよいのか？」

答えはもちろんＮｏである。

ますます「人間の介在するＡＩ」が重要になっていく

デジタル経済の進展の中でＡＩは果たして「人間の意思決定を不要とする」存在となるのであろうか？

ＡＩの重要な機能の一つとして「パターン認識」がある。画像、音声・音響、テキスト、株価、商品の売り上げ、部品・材料の測定値、消費者の購買履歴、スマートウォッチなどのデバイスからの行動データ、患者の診療データなど、大量のデータを用意したうえでそのデータの中に存在するパターンを学習させ、入力を与えるとパターンに反応してしかるべき出力がなされるように学習された仕組み（アルゴリズム）がＡＩである。

人間には捉えることが難しいパターンもＡＩなら捉えることができるので、人間よりも高い精度での判別ができるといわれており、画像認識などではすでに人間の精度を超えている。医療の分野で医療画像を使った疾患の検出・鑑別への応用が進んでいるのもこの特徴による。

すなわちＡＩは「過去」のデータから学習した「パターン」を使って、「現在」のデータを分類したり、「現在」のデータから「未来」を予測したりするわけであるが、これは過去のデータから得られた前提、あるいは人間が用意した前提が現在あるいは将来にわたって有効であるという仮定の上に成り立っている。したがって前提が崩れてしまう場合にはＡＩの出力結果は有効でない可能性が高くなってしまうのである。では、ここでいう「前提」にはどのようなものがあるだろうか？

データの収集段階

▼まずは、データの収集という段階を見てみよう。ＩｏＴを活用したビッグデータ解析では、

センサーなどのデバイスから取得される大量のデータを使って分析を行う。そのセンサーにおいてどのようなデータを、どのくらいの時間間隔で取得するのかを決めるのは人間の作業である。また常時稼働しているセンサーから取得される情報は膨大になるので通信量を削減するためにデータを加工してデータ量を削減したりするが、どのようなデータを重要とみなし、どのようなデータを不要とみなすのかを決めるのも人間である。

　したがって、ＩｏＴセンサーはその設計段階から人間の前提が必要なのであり、取得されるデータも人間が設定した前提に基づいて取得されることになる。ＡＩの出力結果に影響する要素を前提で見逃してしまっていたり取り違えていたりすると、本来取得すべき重要なデータが取得できないことになり、ＡＩの出力結果は理想と乖離することになる。

AIの訓練段階

▼次にＡＩの訓練段階について考えてみる。ＡＩにパターンを覚えさせる作業を「訓練」というが、多くの場合、人間が正解を示す必要がある。どのようなデータに対して、何を正解とするかはそのＡＩを何の目的に利用したいのかという課題設定に大きく依存しており、ここでも人間の前提が必要になる。

　ＩｏＴセンサーの例でいえば、自動車に内蔵された画像センサーから道路上の障害物を発見するＡＩを開発したいとすると、センサーから得られる画像データ内に映り込んでいる「障害物」を人間が教示するという作業がそれにあたる。「障害物」には、散歩している人が連れているペットを含めるのか、自転車を押している人の自転車と人は別々の障害物としたほうがよいのか、など決めるべき前提は多く、それによってＡＩの出力結果も性能も変わってくる。

ＡＩの評価・検証段階

▼最後に、ＡＩの評価および検証段階ではどうか。ＡＩの評価や検証を行うにあたっては、当初想定していた目的に照らし合わせて十分かつ妥当な結果が得られているかを判断する。この十分性、妥当性を判断するのはやはり人間の作業である。前述の車載画像センサーから道路上の障害物を発見するＡＩの例を再度用いると、まず評価・検証すべきは検出精度となる。十分な精度で当初想定していた障害物を検出できているか、検出すべきでないものを誤って検出してしまう誤検知の発生頻度はどうか、などを検証する。

さらに検出の妥当性を判断する。道路上に置かれたベビーカーが検知されていなかったとすると、それは「障害物」として正しく検知すべきであると判断し、学習をやり直す必要がある。こういった判断をするのは人間の重要な役目なのである。

このように、人間の意思決定を支援するＡＩの開発には人間が「前提」を設定する必要があり、

ＡＩがその前提に従って十分な精度かつ妥当な結果を出力しているかという点もまた人間が絶えずモニタリングする必要がある。そしてＡＩの出力に十分性・妥当性が失われていると判断される場合には、即座に人間が介入して改善できるような仕組みが必要になるのである。

筆者が監修を担当し、２０１８年に出版したポール・Ｒ・ドーアティ＆Ｈ・ジェームズ・ウィルソンの共著、『ＨＵＭＡＮ＋ＭＡＣＨＩＮＥ 人間＋マシン――ＡＩ時代の８つの融合スキル』では、人間がＡＩと協業する際に必要となる融合スキルのひとつとして、「判断プロセス統合」スキルを挙げている。マシンが何をすべきかわからなくなったときに、マシンの力も借りつつ、行動の方向性を決めるスキルである。

ＡＩの「推論モデルにおいて必要なビジネスあるいは倫理的コンテキストが不足した場合に備えて、人間はどこで、いつ、どのようにして介入すべきかを判断できるようになっていなければならない[17]」のである。

これは近年、**人間参加型（Human-in-the-Loop）**と呼ばれる思想に相通ずるものである。ＡＩ開発は、データの収集から訓練、評価・検証、フィードバックによる改善という流れで行われるが、それらの活動がループとなり、データ収集～改善のサイクルが回り続けることが理想的である。このループの中に人間（Human）を介在させることによりＡＩの判断とその制御を人間の手で運用していくというものだ。人間がＡＩに頼る場面が多くなるからこそ、人間の判断統合とHuman-in-the-LoopによるＡＩ開発がますます重要になっていくのである。そして育まれるのは、ＡＩへの「信用」と「信頼」である。

「**信用**」は「過去」の実績により初めて得られるものである。どのような前提で、どのように「過去」データを集め、どのようにＡＩアルゴリズムを構成したのか、そしてどのような結果が得られたか、という実績が人間にとって十分かつ妥当である場合にそのＡＩを「信用」することができる。信用の上にあるのが「**信頼**」である。「信頼」とは「現在」や「未来」において判断を任せられるかというものだ。信用できるＡＩに対して私たちはそのＡＩによる判断を「信頼」し参考にすることができる。

ＡＩの開発ループに携わる人間には技術力だけでなく、信用と信頼の構築という思想が必要不可欠なのであり、これまで以上に高い倫理観が求められているのである。

頻発するAIのトラブルと「Black Lives Matter」

しかし企業においてのＡＩ活用が進み消費者にとっても身近なものになるにつれ、ＡＩにまつわる思わぬトラブルが発生する事例が散見されるようになってきている。

ここでは、最近ニュースなどにも取り上げられた、ＡＩが悪さをした事例を挙げる。

●グーグル（Google）はPhotosアプリで黒人画像にゴリラのタグ付けをしたことを謝罪（２０１５

年）

●マイクロソフト（Microsoft）は、自分で会話を学習できるＡＩボットＴａｙが暴言を吐くようになってしまったためサービスをシャットダウン（２０１６年）

●アマゾン（Amazon）が差別的な人材採用ＡＩを廃止（２０１８年）

●フェイスブック（Facebook）が収集するユーザーデータの一部が英政治コンサルティング企業ケンブリッジ・アナリティカ（ＣＡ）社にわたり政治利用されたとされる（２０１８年）

●ウーバー（Uber）の自動運転車が死亡事故を起こす（２０１８年）

●ゴールドマン・サックスはApple Cardの利用者の信用スコアを算出する際、女性に不当に低いスコアが付けられクレジットカード限度額に差が生じている問題に関し非難を受ける（２０１９年）

●フェイスブックが広告主の指定したターゲットとは関係なく、雇用や住宅差別を固定化する広告推奨アルゴリズムを使っていたことが判明（２０１９年）

●中国のアプリメーカーChangsha Shenduronghe Network TechnologyのディープフェイクｉＯＳアプリ「ＺＡＯ」のプライバシーポリシーに、自分の顔データをメーカーに無償で永続的に提供するという記述があり、さらにデータの第三者への譲渡、再ライセンスまで可能となっている問題が指摘され、同社がプライバシーポリシーを改定（２０１９年）

●英国の資格・試験統制機関オフクァル（Ofqual：Office of Qualifications and Examinations Regulation）が取り入れたアルゴリズムによる成績予測評価が労働者階級やマイノリティーに属する生徒に不利な評価を下すことが判明（２０２０年）

- 白人警察官による黒人死亡事件に端を発した「Black Lives Matter（黒人の命は大切）運動」が加速し、顔認識ＡＩの誤認識による危険性に注目が集まる。ＩＢＭが顔認識ＡＩ事業から撤退（２０２０年）

ＡＩによって消費者が被る被害には、**社会的有害性**（固定観念がＡＩにより増強されることによる被害）、**経済損失**（特定のグループに属する人たちの経済的な選択肢が狭まる）、**機会損失**（属するグループによって仕事・住宅・教育などへのアクセスに差が生じる）、**自由の喪失**（監視、人権、言論の自由などの制約）がある。

私たちの社会の中に存在する不平等がＡＩによって増強されたり、あるいはＡＩの利用によって逆に不利益を被る人が出てきてしまったりする事例は、企業側でも顧客体験の悪化による客離れ、あるいは世論・ブランド評価の悪化によるビジネス機会の損失や収益の悪化につながり、ビジネス面への影響も大きい。それだけではなく、近年では社会全体のサステナビリティ（持続可能性）、ＳＤＧｓ実現に向けた貢献の観点で、企業におけるＥＳＧへの取り組みも投資の対象や収益の源泉とみる動きも強まっており、２０２０年には人種差別に対する企業の姿勢が大きく問われる世界的ムーブメントが起こったことは記憶に新しい。

米国ミネソタ州ミネアポリスから起こったこの一大ムーブメントは２０２０年5月25日、黒人のジョージ・フロイド氏が白人警官から暴行を受けて死亡した事件に端を発し、その後抗議行動は全米へと拡大。やがて世界へと広がっていった。

以下はこの一連の抗議活動に対し企業が発表した声明、支援の一例である。

●マイクロソフト：サティア・ナデラＣＥＯは5月29日、従業員向けの声明を発表。
●デルタ航空：エド・バスティアンＣＥＯが5月29日、ホームページとリンクトインでメッセージを発信。
●ナイキ（Nike）：5月30日、自社のスローガン「Just Do It」を連想させる「Don't Do It」という動画広告をインスタグラムやユーチューブ（YouTube）の公式アカウントで発信。
●フェイスブック：マーク・ザッカーバーグＣＥＯが6月1日、人種差別撤廃の活動団体に総額１０００万米ドルの寄付を発表。
●アマゾン：6月1日、米国での黒人に対する不平等かつ暴力的な扱いはやめるべきとツイート。
●コカ・コーラ：ジェームズ・クインシー取締役会議長兼ＣＥＯが6月1日、人種差別に対する拒否のメッセージをホームページで発表。
●Ｈ＆Ｍ：6月2日、NAACP Legal Defense and Education Fund, Color of Change, American

Civil Liberties Unionの3団体に総額50万米ドルの寄付を発表。

●シスコ：6月2日、チャック・ロビンスＣＥＯがEqual Justice Initiative, NAACP Legal Defense Fund, Color of Change, Black Lives Matter等の団体に総額５００万米ドルの寄付を発表。

著者が所属するアクセンチュアも、ＣＥＯのジュリー・スウィートが即座に反応をし、具体的な行動として、以下のようなアクションを全社員に向けて通知した。

●２０２５年までに米国において、アフリカンアメリカン、ヒスパニック、ラテン社員の比率を高める。

●新たなトレーニングを設け、社員が人種差別に対して誤ったバイアスを持たないように徹底する。

これらは一例に過ぎないが、ジョージ・フロイド氏の事件が起こってからわずか一週間足らずでの出来事であることに驚きを禁じ得ない。

こうした一連の動きに呼応するように顔認証ＡＩへの風当たりも強まっている。米国では以前から肌の色などでＡＩの認識精度に違いが出る問題が指摘されている。２０１８年にはマサチューセッツ工科大学の研究者が大手ベンダーの顔認証技術を調べ、男性より女性で、白人より黒人で顔認識の精度が低いと公表している。このような意識の高まりは不平等・不透明な扱いに対して声を上げるべきだという動きにつながっており、プライバシーや公平性・透明性の問題に関するメディアの注目度も高まってきていることと相まって、ＡＩのリスクもウェブなどでのニュースで取り上げられる頻度が多くなってきている。

ＡＩによって人種間での不平等が助長されるようなサービスは本質的にも到底許容されるべきものではないが、こうしたＡＩサービスに対しての消費者側での問題意識の高まり、ＡＩによる社会への影響に対する意識の高まりには十分に留意する必要がある。声明では人種差別撤退を謳いながら、提供しているＡＩサービスは不平等を助長していた、という事態になってしまっては目も当てられないのである。

加速するＡＩへの法規制

ＡＩに対する問題意識の高まりという世界的な流れを踏まえ、法規制の動きも加速している。法規制は国・地域によって異なるのが現状であり、ＡＩを活用したグローバルなビジネス展開においてはどのような規制があるのかを把握することが今後必須となる。以下は主な国・地域での法規制の動きをまとめたものである。

米国

米国では州ごとに規制が異なるなど、同一国であっても必要な対応はパッチワークになるなどの問題も指摘されている。

▼２０１９年4月、アルゴリズム説明責任法の法案が提出。大企業に対して、自社の機械学習システムのバイアスと差別に関する監査を実施し、問題が見つかった場合には適切な対応を求めるものであるが成立には至らなかった。

▼サンフランシスコ市：警察による顔認証技術の利用を禁止する条例を制定（条例名：Stop Secret Surveillance Ordinance）。２０１９年5月。

▼イリノイ州：ＡＩを用いた面接に対する規制、ＡＩビデオ面接法（Artificial Intelligence Video Interview Act）を制定。２０１９年11月。

◆面接を録画した動画に対してＡＩを用いる場合には、面接者に事前に告知し同意を得ることなどが義務化。

▼ニューヨーク市：ＡＩを用いて採用候補者を絞り込む意思決定ツールの販売を規制する法案が提出。２０２０年2月。

▼ワシントン州：顔認証に対する規制を導入。２０２０年3月。

▼２０２０年7月、連邦機関による顔認識技術の使用を禁止、州および地方自治体が顔認識および生体認証技術の使用に関し独自の法律を制定することを許可すると定めた、「顔認識

および生体認証テクノロジー・モラトリアム法」が提出される。

▼「警察活動におけるジョージ・フロイド正義法」は、法執行機関の不正行為に対する説明責任を高め、不必要な強制力の使用を制限する法案で２０２０年６月に下院を通過しているが、ボディ・カメラでの顔認識技術の装備および採用の禁止を求めている。

欧州

▼欧州議会：「人工知能の民事責任レジーム」を採択。２０２０年10月。

◆ハイリスクＡＩのオペレーターに対して、損害に関する厳格な責任を適用すること等が記載されている。明確な法的枠組みは、市民を守り、ＡＩ技術への信頼を促進する一方、ビジネスに法的な確実性をもたらし、イノベーションを促進するとしている。

▼欧州委員会：ＡＩの包括規制案を公表。２０２１年４月。

◆規制案では、人の行動を無意識に（サブリミナル的）に、または社会的弱者であることにつけこんで歪め、その人自身や周囲の人たちに身体的または心理的危害を及ぼす可能性のあるＡＩ技術を用いること、政府が個人の信用度などに基づいて社会的スコアリングを行うこと、法執行のために公共空間においてリアルタイム生体認証を行うことなどを「禁止」している。また、人に対する生体認証や分類、重要インフラ向けや採用活動・人事判断等に利用されるＡＩを「高リスク」としてリストアップしており、リストは決定ではなく今後追加される可能性があるとも言及されているので注意が必要である。また本法案には罰則規定があり、違反すれば最大で３０００万ユーロ（約39億円）か世界の売上高の６％の罰金を科される可能性がある。

英国

▼アルゴリズムが消費者に与える影響を英当局が調査（２０２１年1月）。

◆オンラインショッピングの際のＡＩによる不当な価格提示の阻止を目的として、英規制当局Competition and Markets Authority（ＣＭＡ）が業界に対し不正行為の具体例提出を依頼。アルゴリズム分析プログラムを立ち上げ、これにより問題企業・市場を特定し、行動が必要な場合には訴訟を行うとしている。

日本

▼公正取引委員会：「デジタル市場における競争政策に関する研究会」が報告書「アルゴリズム／ＡＩと競争政策」を発表。

◆ＡＩやアルゴリズムによる自動的な価格調整がカルテルとなり、独占禁止法違反になる恐れがあるとの見解を含む報告書を発表。

米国においては**通信品位法（CDA：Communications Decency Act）２３０条**の改正問題もＡＩの規制に影響を及ぼすかもしれないという指摘もある。通信品位法２３０条では、インターネット企業が利用者の投稿内容に対して一部の例外を除いて責任を負わなくて済むことなどを定めており、現在のインターネット企業の発展はこの法律によるところが大きいとされている。民主党議員が通信品位法２３０条の改正を唱えるのは、この規定によりＳＮＳ企業などがインターネット上のデマやヘイトスピーチに対する責任を回避していると考えているからだ。

一方この法律では、インターネット企業またはその利用者が不適切だと判断したコンテンツを削除したとしても、インターネット企業は責任を負わないとも規定されている。共和党議員の一部が、ＳＮＳ企業がこの法律を盾にとって自分たちに都合のいいように内容を選好していると考えている根拠は、この部分の規定による。

ツイッター（Twitter）の大統領といっても過言ではない米国のドナルド・トランプ前大統領がこうした懸念を持ち、さらにＳＮＳ企業への影響力を持ちたいと考えターゲットにしたのもまさにツイッターであった。トランプ氏の投稿内容に対するツイッター側の対応（暴力への賛美などの注釈を付与）も話題になり、両者が対立する構図となっていた。そして、２０２１年米連邦議会議事堂占拠の騒乱をきっかけに、ツイッター社をはじめ各ＳＮＳ企業がトランプ前大統領のアカウントを永久停止する措置をとった。暴力を誘発するアカウントを停止することの必要性と、一方で言論の自由は守られるべきという反論もあり、米国を超えて国際的にさまざまな議論が巻き起こった。一企業で対応すべき問題ではないとの視点から、法改正の必要性も唱えられている。

さて、このように思惑が異なる場合の法改正議論がどのように進むのかは予想が難しいが、言論の自由への抵触も懸念されており実際の改正は難しいのではないかという意見がある。欧州では２０２０年12月に欧州委員会が「デジタルサービス法」と「デジタル市場法」の２つの法案を発表しており、公平性と透明性を強く求めるものになっている。こうした動きを踏まえると、米国でもＥコマースのプラットフォーマーやＳＮＳ企業に対し、内部で用いているコンテンツ管理、ランキング、拡散などのアルゴリズムの開示と、公平性・透明性の確保の義務化を進めようとする動きは現実的だと思われる。

またＡＩは現在の軍事的なパワーバランスを大きく変えてしまう可能性があり、最近ではＡＩ技術は地政学的な観点でも論じられている。ドローン技術の発展とＡＩとの組み合わせは、これまで技術力・資金力などの面で軍事力で優位に立てなかった弱小国でも優位に立てる可能性を秘めており、さらに一般に公開されているＡＩ・ドローン技術をテロリズムへ悪用することも可能になっている。２０１９年にはサウジアラビアの石油施設が爆発物を搭載したドローンによって攻撃を受けるという事件も発生している。

これらの世界的な動向を考慮すると、ＡＩは企業としてだけではなく、国・地域として、さらに政権としても扱いを決めなければならない重要課題となっており、前述のような規制も政権によって変容していくため国際政治的な面でも動向を注視しなければならない状況になっている。

企業でＡＩのビジネスを行うには、世論・世界情勢、各国・組織の法規制、各国政権の方針など、より広い範囲に目配りをし、企業としてしっかりした方針のもと実施していく必要があるのである。すなわち、ＡＩの社会への影響と社会からのＡＩへの影響という２つの観点で着目する必要がある。

ＡＩの社会への影響：人種問題など不平等に対しての社会的な意識は今まで以上に高まっており、ＡＩがもたらす不平等もメディア等でクローズアップされている。ＡＩがもたらしうる不平等はそれを提供する企業にとって大きなリスクである。

社会からのＡＩへの影響：ＡＩはもはや地政学的に重要な技術と認知されており、ＡＩ技術に対する法規制もグローバルの政治・経済の動向に影響を受けている。

こうしたＡＩと社会における相互作用において、非常に重要となるのが倫理観、すなわちＡＩの倫理である。

図表１－６はGoogle Trendsで“Responsible AI（責任あるＡＩ）”“Explainable AI（説明可能ＡＩ）”“Ethical AI（倫理的ＡＩ）”について検索ワードとしてのトレンドの推移を調べたものである。Ethical AIは十数年前から断続的に関心が高かったということが見て取れるが、ここ数年で

図表1-6　Google Trendsでの“Explainable AI”, “Responsible AI”, “Ethical AI”の検索トレンド推移

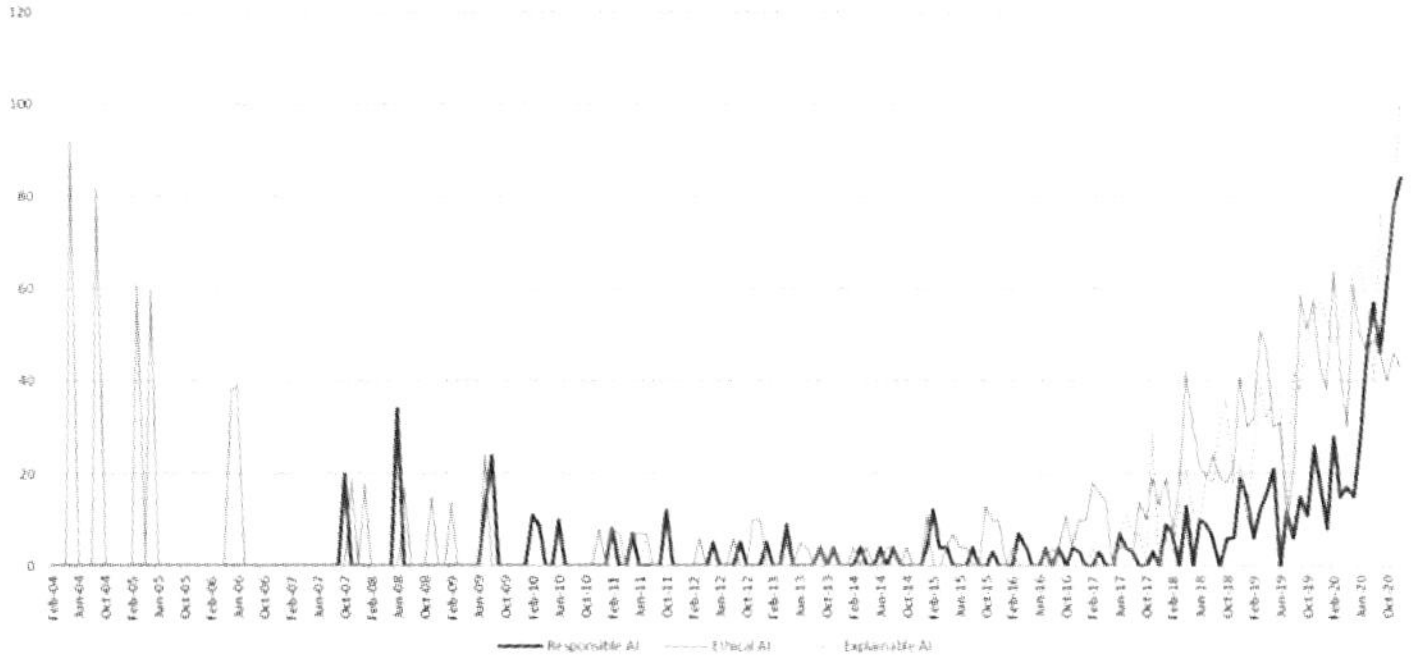

出所：Google Trendsのデータを基にアクセンチュアにて作成

Responsible AIやExplainable AIについての関心が急激に高まっていることがわかる。

ＡＩの倫理面での議論は実は昔から行われていたものであるが、近年のＡＩ技術におけるブレイクスルーによる大きな進展の一方でそこに潜むリスクに対しての人々の意識が高まり、ＡＩの研究・開発・提供を行う企業や組織に対して「責任」や「説明可能性」を求めるという、より具体的な論点に踏み込んだ議論が起こっているのである。このような大きな潮流の中で企業・組織としてもＡＩに対するresponsibility（責任）やexplainability（説明可能性）の担保が必須となりつつある。

次章（Ｔｈｅｏｒｙ２）では、これから求められる「ＡＩ倫理」とは何か、そして「責任あるＡＩ」を実現するための原則について説明する。

Theory
2

求められる「ＡＩ倫理」とは?

Theory 2 のポイント

- アシモフのロボット工学三原則の欠点とは?
- ＡＩへの期待と同時にＡＩがもたらす社会への影響も懸念されており、ＡＩの利活用に対する倫理的なガイダンスの検討が各国・地域で進められている。
- 企業にとってＡＩの倫理的ガバナンスの制定が重要な検討課題となっており、対策が必要になっている。
- 「責任あるＡＩ(Responsible AI)」とは「顧客や社会に対してＡＩの公平性・透明性を担

保する方法論」であり、それを実現するための5つの原則がTRUST、Trustworthy（信用できる）、Reliable（信頼できる）、Understandable（理解できる）、Secure（安全が保たれている）、Teachable（共に学びあう）である。

- この5つの原則の中心にあるのが「行動規範」、すなわち「AI倫理」である。
- 企業としてまずミッションステートメント（経営理念）と整合する「AI倫理」を決め、その「AI倫理」の下でTRUSTを具体化する活動を行っていく必要がある。

アシモフの「ロボット工学三原則」と抜け穴

50年以上前、作家のアイザック・アシモフは、後世のAI開発者に大きな影響を与えることになる「ロボット工学三原則」を作った。アシモフの多くの物語の文学的な仕掛けとなった三原則は非常にシンプルで、以下のとおりである。

- ロボットは人間に危害を加えてはならない。
- ロボットは人間に危害を加えない限り、命令に従わなければならない。

●ロボットは最初の２つの法則に従っている限り、自分の存在を守らなければならない。

これらの法則がＡＩに対するガイダンスの基礎になると考える人もいたが、これらの法則には失敗につながるいくつかの抜け穴がある。例えば、ＡＩが「人間」を誤って識別してしまったり、これらの法則を正確に実行するために必要な情報を持っていなかったりする可能性などである。現に、顔認識ＡＩには人種間で認識率に差が存在することが指摘されており、そのせいで不当に再犯の可能性が高いと判断されてしまったり、犯罪歴のある人物と誤認識されてしまったりすると、結果的に人間が危害を被ることになる。

今日では、軍事用ドローンや他の軍事技術のように、より大きな集団を守るために人間に危害を加えることを目的としたロボットもある。自動運転技術では、時には人間を守るために一部の人間に危害を与える状況も検討しなければならない。だが、もしその状況認識に誤りがあれば、本来危害を被る必要のない人間が被害を受けてしまうことも考えられる。

アシモフの三原則の潜在的な失敗は他にもたくさんあるが、全般的に見ればアシモフの「ロボット工学三原則」とその失敗は、今日のさまざまな種類のＡＩを管理するために十分堅牢な基本理念を確立するための課題と必要性を例示してくれているといえる。

ＡＩのガイダンス制定の世界的な流れ

ＡＩ・機械学習の分野の進歩に対する期待は、機会損失、経済的損失、自由の損失、あるいはもっと漠然としたＡＩに対する国民の懸念と表裏一体である。組織は責任を持って製品やシステムの設計・開発プロセスを管理し、実際の、あるいは認識された社会的な負の影響を回避しなければならない。

前章（Ｔｈｅｏｒｙ１）で述べたようにＡＩの社会への影響に対しての問題意識が高まっていると同時に、社会がＡＩへ及ぼす影響も強くなってきている。「社会からの影響」の一つにＡＩの倫理的な利活用に関するガイダンスがあり、各国・組織から相次いで公表されている。

このような外的圧力の結果、ＡＩの倫理的ガバナンスの制定は企業にとっての重要なアジェンダの一つとみなされるようになった。ＡＩを責任を持って実装するということは、企業・組織内の従業員から組織構造に至るあらゆる面（すなわち組織運営から、技術的能力、組織戦略、さらにはブランドの評判に至るまで）に対し、大きな影響を与えるのである。

以下はそういったガイダンスの例である。

●２０１７年１月、ＦＬＩ（Future of Life Institute）がＡＩの研究課題、倫理と価値、長期的な

課題などを討議した結果をまとめたガイドライン「**アシロマＡＩ原則**（**Asilomar AI Principles**）」を公開[18]。

▼研究目標となるＡＩは無秩序な知能ではなく有益であるべきとし、研究者と開発者間で協力、信頼、透明性の文化を育むべきとしている。

▼倫理に関しては、**安全性**（安全かつ頑健で、適用可能かつ現実的な範囲で検証されるべき）、**障害の透明性**（障害発生の理由を確認できる）、**司法における透明性**（司法の場では監査を可能とする十分な説明を提供すべき）、**責任**（ＡＩシステムの設計者および構築者は倫理的な影響に責任を負いかつその影響に関わるステークホルダーである）、**価値観の調和**（ＡＩの目的と振る舞いが人間の価値観と調和すべき）、**人間の価値観**（ＡＩは人間の尊厳、権利、自由、文化的多様性に整合すべき）、**個人のプライバシー**（ＡＩが個人のデータを分析し生成したデータに対し、人間がアクセス、管理、制御する権利を持つ）、**自由とプライバシー**（個人の自由を不合理に侵害してはならない）、**利益の共有**（できる限り多くの人々に利益をもたらし、また力を与えるべき）、**繁栄の共有**（ＡＩによってもたらされる経済的繁栄は、広く共有され人類すべての利益となるべき）、**人間による制御**（目的の達成をＡＩに任せる場合、その方法と判断を委ねるか否かについて人間が判断すべき）、**非破壊**（既存の社会的・市民的プロセスに整合し既存のプロセスを覆すものであってはならない）、**軍拡競争**（自律型致死兵器の軍拡競争は避けるべき）について原則を定めている。

●２０１７年12月、**米国電気電子学会**（ＩＥＥＥ）が「Ethically Aligned Design（ＥＡＤ）」を発表[19]。

▼The IEEE Global Initiative（The IEEE Global Initiative on Ethics of Autonomous and Intelligent Systems）が作成した報告書は、知的な機械システムに対する恐怖や過度な期待を払拭すること、倫理的に調和したデザインや倫理に配慮されたＡＩ技術をつくることによってイノベーションを促進することを目的としており、設計論や設計思想、それをどのように技術に落とし込めるかといった論点が整理されている。

▼全世界で７００人以上に上る、ＡＩ、法律、倫理、哲学などさまざまな領域の研究者、企業関係者、市民やＮＰＯ、政策関係者などの意見を集約して作成された。

▼テクノロジーの倫理的な設計・開発・実装について、**人権**（人権を侵害しない）、**福祉**（設計と使用において福祉のメトリックを優先すること）、**アカウンタビリティ**（設計者および運用者が説明責任を確実に果たすこと）、**透明性**（運用における透明性を確保すること）、**悪用に関する認識**（悪用のリスクを最小化すること）などの原則に従って実施する必要があるとする。

▼透明性に関しては、自己改良能力のあるアルゴリズムおよびデータアナリティクスによって、市民に影響を及ぼす意思決定を自動化することが可能になったとしても、システム内のロジックとルールを監督者が入手し、リスク評価や厳密なテストの対象とすることを可能とすることを、透明性・参加性・正確性を義務付ける法的要件として含めなければなら

ない、としている。

●２０１７年12月、UNI Global Unionが「Top 10 Principles for Ethical Artificial Intelligence（倫理的なＡＩのための10大原則）」を発表[20]。

▼「労働の未来」に関するＵＮＩ動議の原則「人々と地球を優先するＡＩ倫理の保証」において、ＡＩは人々と地球を優先すべきであり、倫理的ＡＩに関してすべてを網羅する国際条約は人類の生存にとって最も実現可能な保証となることを要求している。

▼ここでの10大原則は、**ＡＩシステムの透明性、倫理的ブラックボックスの装備**（ここでの「ブラックボックス」とは航空機に搭載されるフライトレコーダー・ボイスレコーダーと同様の意味であり、システムの透明性や説明責任を確保する関連データだけでなく、倫理的配慮でシステムに組み込まれたデータと情報も含めて記録する装置を意味する）、**人々と地球に役立つ、人間が主導権を握る、ジェンダーレスで偏見がない、恩恵を共有する、公正な移行を確保し基本的自由・権利を支持する**（ここでの「公平な移行」とは労働力や業務のＡＩへの移行を指す）、**グローバルなガバナンス構造、ロボットへの責任帰属の禁止**（ロボットは責任主体にはならず、法的責任のある人間に責任は帰属する）、**軍拡競争の禁止**、である。

●２０１９年5月、ＯＥＣＤが**ＡＩ原則**を公表[21]。

▼その原則は以下のとおり。

◆ＡＩは、包摂的な成長、持続可能な開発、そして幸福を推進することにより、人々と地球に利益をもたらさなければならない。

◆ＡＩシステムは、法の支配、人権、民主主義の価値観、多様性を尊重するように設計する必要がある。また、公平で公正な社会を確保するために、必要に応じて人間の介入を可能にするなど、適切な保護手段を含める必要がある。

◆人々がＡＩベースの結果を理解し、それらに異議を唱えられるようにするために、ＡＩシステムに関する透明性と責任ある開示が必要である。

◆ＡＩシステムは、ライフサイクル全体を通じて堅牢でセキュアかつ安全な方法で機能する必要があり、潜在的なリスクを継続的に評価および管理する必要がある。

◆ＡＩシステムを開発、展開、または運用している組織および個人は、これらの原則に沿って適切に機能させる責任を負わなければならない。

▼２０１９年６月にＧ20は先述の原則をベースにした「human-centered AI原則」を採択している。

●**ＧＰＡＩ（The Global Partnership on AI）**：Ｇ７メンバー国・機関すべてとその他７カ国が参加し、２０２０年６月に設立。複数のＷＧを設置し責任あるＡＩやデータガバナンスなどのテーマを政府・国際機関・産業界・専門家等の複数のステークホルダーが参画し議論。

欧州

▼**ＡＩＨＬＥＧ（High-Level Expert Group on Artificial Intelligence）**：「Ethics guidelines for trustworthy AI」を作成。２０１９年４月。

▼**欧州委員会**：上記をベースにした自己評価リストによる評価を施行した団体からのフィードバックを基に、最終評価リスト「**信頼できる人工知能の評価リスト（ＡＬＴＡＩ）**」を公表。２０２０年７月。

▼**欧州議会**：「**人工知能、ロボットおよび関連技術の倫理的側面の枠組み**」を採択。２０２０年10月。

◆将来の法律で考慮されるべき指針に関する提案であり、ハイリスクＡＩ技術については、随時、人間の監視下にあるようにデザインされる必要があるとしている。

▼**欧州基本権機関（European Union Agency for Fundamental Rights：ＦＲＡ）**：ＡＩと基本的人権に関するレポートを公表[22]。２０２０年12月。

◆ＥＵの企業・行政がＡＩをどのように使用しているか、または使用しようとしているのかについての具体的な例を提示。社会的便益、予測的警察権行使、医療サービス、ターゲット広告の４つのコア領域に焦点。

英国

▼２０１８年４月、**英国上院**の特別委員会が「**Five core principles to keep AI ethical**（ＡＩの倫理的運用のための５大原則）」を策定。

◆２００人を超える業界の専門家からの意見を反映したものであり、原則は、①ＡＩは人類の共通の利益のために開発されるべきである、②ＡＩは誠実さと公平性に基づき動作し、企業や組織がＡＩシステムの誠実さを改善しなければならない、③個人、家族、またはコミュニティのデータの権利またはプライバシーを損なってはならない、④人類の精神的、感情的、経済的な繁栄に貢献すべきである、⑤人間を傷つけたり、破壊したり、欺いたりしてはならない、の５つである。

▼**情報コミッショナーズオフィス（ＩＣＯ）：「ＡＩとデータ保護に関するガイダンス」**を公表。２０２０年７月。

◆ＡＩにおけるデータ保護の実践を実現する取り組みの一環として取りまとめられたもので、ＡＩが悪化させたり新たに生じさせてしまうセキュリティリスクや、差別やバイアスなどのさまざまなリスクを軽減するために、組織が活用できるベストプラクティスと技術的対策に関する推奨事項が掲載。

米国

▼米国食品医薬品局（FDA）：2021年1月、Center for Devices and Radiological Health's Digital Health Center of Excellenceより「Artificial Intelligence/Machine Learning（AI/ML）-Based Software as a Medical Device（SaMD）Action Plan（AI／機械学習ベースの医療機器としてのソフトウェアアクションプラン）」が公表されている。[23] このアクションプランは、2019年4月のディスカッションペーパー「Proposed Regulatory Framework for Modifications to Artificial Intelligence/Machine Learning-Based Software as a Medical Device（医療機器としてのAI／機械学習ベースのソフトウェアの変更に関する規制フレームワーク提案）」に対するステークホルダーからのフィードバックへの回答をまとめたものであり、FDAが取ろうとしている5つのアクションの概要を示している。5つのアクションは、AI向けに**調整された規制フレームワーク**、**良質な機械学習**の実施、ユーザーへの透明性を取り入れた**患者中心アプローチ**、**アルゴリズムのバイアスとロバスト性に関連する規制科学的手法**（規制科学とは法令や組織等による規制が必要な科学的活動を指す）、**実世界での性能**、としている。

▼国立標準技術研究所（NIST）：説明可能なAIの4原則のドラフトを公表。2020年8月。その4原則とは**説明**（Explanation、AIの出力に証拠や理由の提供が必要）、**有意味**（Meaningful、個々人が利用できるような説明）、**説明正確性**（Explanation Accuracy、説明の正し

さ）、**知識の限界**（Knowledge Limits、設計された条件下またはその出力が十分に信頼可能になった場合にのみ動作）である。

日本

▼**人工知能学会**：人工知能学会倫理委員会において、「**人工知能学会　倫理指針**」を作成し、２０１７年２月開催の理事会での承認を経て公開。

▼**AI戦略２０１９（２０２０・06フォローアップ版）**：AI戦略２０１９において、「Global Partnership on Artificial Intelligence（GPAI）」の設立とそこへの専門家派遣を通じて責任あるAIやイノベーション等を推進する旨と、人間中心のAI社会原則をベースにその実現に向けて、AIの社会受容向上に資する規制と標準化、ガイドライン、監査などAIガバナンスの在り方を検討する旨が記載されている。

▼**新エネルギー・産業技術総合開発機構（NEDO）**：機械学習を用いたAIシステムの品質に関する客観的な評価ガイドラインとして「機械学習品質マネジメントガイドライン」を２０２０年６月に公表。

◆８つの内部品質（**要求分析の十分性**、**データ設計の十分性**、**データセットの被覆性**、**データセットの均一性**、**機械学習モデルの正確性**、**機械学習モデルの安定性**、**プログラムの健全性**、**運用時品質の維持性**）を向上させることにより、３つの外部品質（**リスク回避性**、**AIパフォーマ**

ンス、公平性）が必要なレベルで達成されるとしている。

中国・韓国

▼**北京智源人工智能研究院（ＢＡＡＩ：Beijing Academy of Artificial Intelligence）**：２０１９年５月、「北京ＡＩ原則（Beijing AI Principles）」を発表。ＡＩの研究開発、利用、ガバナンス、長期計画のためのイニシアチブとして提案され、運命共同体の構築を支えるＡＩの健全な発展と、人類と自然にとって有益なＡＩの実現を求めるとしている。

▼**中国国家次世代ＡＩガバナンス専門委員会**：２０１９年６月、調和・友好、公平・公正、プライバシーの尊重など８つの原則を定めた「次世代ＡＩガバナンス原則－責任を有するＡＩの発展」を発表。

▼**韓国政府**：２０１９年12月、ＡＩによる倫理的な問題に対応するためのＡＩ倫理体系を盛り込んだ「ＡＩ国家戦略」を発表。

スタンフォード大学人間中心ＡＩ研究所（The Stanford Institute for Human-Centered Artificial Intelligence）の「The 2021 AI Index Report」[24]によると、２０１５年から２０２０年にかけて発表されたＡＩ原則は１１７件存在している。２０１５年から２０１７年にかけては研究機関や専門機関が中心となってＡＩ原則の策定が進んだが、２０１８年以降は企業からのＡＩ原則の発表が多くなっている。２０２０年に関していえば23件のＡＩ原則のうち、約65％（15件）が企業からの発表となっている。また、地域別にみると１１７件の約44％が欧州・中央アジア、約35％が北米となっており、この2地域で約8割となっている。

　このようにこれまではガイドラインや原則という形での公表がメインとなっていたが、前述のとおり、２０２１年４月21日にはＥＵの欧州委員会がＡＩ利用に関して罰則規定も含む規制案を公表している。

　また２０２１年４月19日に米国連邦取引委員会（ＦＴＣ）のエリサ・ジルソンがブログで述べたところによると、[25] 例えばＡＩ開発者が、自社のＡＩを利用した製品について「１００％公平」な結果を提供するとクライアントに伝えたにもかかわらず、当該アルゴリズムが人種や性別に関し多様性に欠けるデータを使用して構築されており、その結果として差別等が生じていた場合、ＦＴＣの法執行措置がとられる可能性があると指摘している。

　前述の４月21日公表の欧州委員会によるＡＩの包括規制案には抜け穴があり不十分であるとの指摘も出ており、それと比較してＦＴＣの声明はＥＵの規制案よりも実効性があるという意見も出ている。

　いずれにしても今後、欧州・米国を中心にこうした規制法案の制定や法的措置の執行がなされる可能性があり、十分な注意が必要である。

「責任あるAI」と5つの行動原則「TRUST」

私たちの考える「**責任あるＡＩ（Responsible AI）**」とは、顧客や社会に対してＡＩの公平性・透明性を担保する方法論である。この方法論に基づいてＡＩを設計・構築・展開することで、真に人間中心のＡＩ活用の実現を目指すことが可能となる。つまり「責任あるＡＩ」によって、企業はＡＩの持つリスクを正確に理解できるようになり、かつＡＩが持つ潜在的リスクへの対策を行うことでＡＩへの信用が生まれ、その信用が形成されて初めて人間はＡＩを信頼できるようになるのである。この信用と信頼こそが、ＡＩを自社のビジネスに応用・拡大利用するための礎になるのだ。

「責任あるＡＩ」を実践するにあたって、私たちは**５つの行動原則（ＴＲＵＳＴ）**を規定しているので紹介したい（図表１―７）。

Ｔ：信用できる（Trustworthy）

▼ＡＩの設計・構築時、安全性を重視し、物事に誠実に向き合い、多様で広い視点を持つ、という実績を一つ一つ積み上げる。

Ｒ：信頼できる（Reliable）

▼積み上げられた信用から、将来の高度な判断とより良い意思決定への支持を集める。

図表1-7　「責任あるAI」の5つの行動原則TRUST

T　：**信用できる（Trustworthy）**
安全、誠実、多様な視点

R　：**信頼できる（Reliable）**
より深い判断と、より良い意思決定を可能に

U　：**理解できる（Understandable）**
解釈可能で透明性のある意思決定

S　：**安全が保たれている（Secure）**
企業や顧客の情報・データのプライバシーとセキュリティ確保

T　：**共に学びあう（Teachable）**
人間＋AIでの共創、相互の情報提供、相互教育を目指した人間中心のデザイン

出所：アクセンチュア

U：理解できる（Understandable）

▼信用を得るためには、ＡＩが透明性を持ち、人によって解釈可能である必要がある。

S：安全が保たれている（Secure）

▼信用を得るためには、企業や顧客の情報・データのプライバシーに配慮し、安全性を確保しなければならない。

T：共に学びあう（Teachable）

▼このような信用・信頼を勝ち得たＡＩと人間とが情報交換し、共創し、相互教育をする世界を実現する、人間中心のデザインを目指していく。

Ｔ＝Trustworthy（信用できる）とは、ＡＩが社会の安全かつ健全な発展に貢献するよう設計され、出力が信用に足るものでなければならず、そのためにＡＩ開発者や消費者も含むあらゆる

ステークホルダーによる多様な視点をＡＩシステムのデザインに取り入れなければならないということである。この多様な視点の取り込みという点で近年大きな進展が学術界で起こっている。２０２０年７月に開催された機械学習に関する国際学会ＩＣＭＬ（International Conference on Machine Learning）において、初めて「機械学習の参加型アプローチ」に関するカンファレンス、ワークショップが開催された。

これは、これまでのＡＩシステムの設計者はどちらかというとシステム偏重であり、ＡＩによって影響を受ける人たちへの考慮が足りていなかったという反省から生まれた。ＡＩによって影響を受ける人たちに参画してもらい、その意見を取り入れてＡＩシステムのデザインを革新していこうという新たな試みであり、注目に値する。こういった取り組みがＡＩの正しい発展への貢献に寄与することを願ってやまない。

「信用」とは実績や成果物があって成り立つものである。ＡＩにおける実績とは、今まではＡＩの性能・効果などを指すことが多かったが、先に述べた学術界での変化からもわかるように、いかに多くのステークホルダーを巻き込み、多様な視点で検討・検証を行ったのかも実績・成果物となり、それがあってはじめて「責任あるＡＩ」として「信用」することができるのだ。

R＝Reliable（信頼できる）とは、ＡＩの出力する結果が信頼でき、それを基に人間がより深い判断、より良い意思決定ができるようにしなければならない、という原則である。「信用」は過去の実績・成果物が重要であるが、「信頼」とはそのうえで将来の決定を任せられるかということである。ＡＩが「信頼」できるものであれば、その決定を参考にして人間がさらに良い結論を導き出すことも可能になる。

U＝Understandable（理解できる）とは、ＡＩの出力が人間にとって解釈可能であり透明性を有していなければならないという原則である。ここで混同しやすい２つの重要な概念、説明可能性と解釈可能性について説明しておく。**説明可能性**とはＡＩがなぜそのような結果を出したのか、システム内部で何が起こったのかを説明できるということである。すなわち、内部の仕組み（実装方法）、計算方法（アルゴリズム）、学習に使ったデータなどから、与えられた入力に対しなぜその結果が出力されたのか経緯を説明できるということであり、ＡＩ内部を知らないと説明可能性は判断できない。

一方、**解釈可能性**とはシステムの中身を知ることなしに、ある入力が与えられたときにシステムがどう反応するかが予測できるということである。オンラインショッピングをするときに関心が高い商品が並んだり、ストリーミングサービスで興味がある動画がおすすめされたりする場合、「この商品を買ったあなたに」「こんなタイプの動画がお好きなあなたに」と示してくれるレコメンドＡＩは解釈可能性が高いといえる。しかし同様のレコメンドＡＩだとしても、

「どうしてこの商品がおすすめされているのかわからない」という場合には解釈可能性が低いといえる。

個人の情報がいつの間にかトラッキングされそれが利用されているのだとすると、そういったデータを使ったＡＩは人間にとって理解可能であるといえない可能性が高い。ＡＩが信用を得るためには透明性を持つとともに説明可能・解釈可能である必要があるのである。

S＝Secure（安全が保たれている）とは、扱う情報・データのプライバシーとセキュリティ確保の原則である。

グーグルが２０２０年1月にウェブブラウザChromeでサードパーティCookieのサポートを段階的に廃止する計画を発表したのも、個人情報保護と透明性の確保という社会的要望が高まってきたからである。

Cookieとはユーザーがウェブサイトを閲覧した際、そのユーザーのＰＣやスマホの中に保存される履歴や入力情報のことである。この時、ウェブサイトの運営会社からそのユーザーのブラウザ宛に発行されるCookieをファーストパーティCookie、そのウェブサイトにバナー広告を配信している広告配信事業者から発行されるCookieをサードパーティCookieとよぶ。自分が直接訪問したサイトとは関係のない企業からCookie（サードパーティCookie）を発行・管理され知らないうちにトラッキングされている状況は個人情報保護と透明性の観点で好ましくない。

　グーグルのサードパーティ Cookie のサポート廃止は、プライバシー確保の動きでもあり、また解釈可能性を高めるための活動の一環ともいえる。ＡＩへの信用は企業・組織や消費者の情報・データのプライバシーとセキュリティに配慮し、安全性を確保したうえで成り立つものなのである。

Ｔ＝Teachable（共に学びあう）とは、人間中心のデザインによりＡＩと人間とが新たな価値を共創し、また相互教育により互いを高めあう世界を実現すべきである、という原則である。従来は人間が機械の使い方を学び使いこなすことが重視されてきた。しかしＡＩは学習を繰り返すことにより成長する技術である。人間がＡＩを使うとき、そのＡＩの結果が正しかったのか間違っていたのか、あるいはその結果をどのように活用したのかなどのフィードバックを与えることでＡＩもまた人間から学習することができるのだ。

　前述のような信用と信頼関係があれば、私たちはこうしてより賢くなったＡＩから新たな学びを得ることができる。これからは、ＡＩとともに互いが新しいスキルを獲得できるような形でタスクを遂行できるような、こうした能力が重要になるのである。前出の『ＨＵＭＡＮ＋ＭＡＣＨＩＮＥ　人間＋マシン――ＡＩ時代の８つの融合スキル』の中では、こうしたスキルを「**相互学習スキル**」と定義している。[17]

ＡＩが学習により成長することができるということは、人間がＡＩに「何を学習させるのか」が重要になることを意味する。すなわちＡＩが信用、信頼に足る存在に成長するために、ＡＩに訓練を行う人間にも倫理観が必要になるのである。

２０１６年の3月にマイクロソフトが公開したＡＩボット（会話システム）の「Ｔａｙ」はこのことを痛感させる事例として有名である。Ｔａｙは米国の18～24歳の若者をターゲットとしてカジュアルで楽しい会話を通じて人々を楽しませるよう設計されていた。そんなＡＩボットに若者たちとの会話を学習させるのによいデータはどこにあるか？　真っ先にＳＮＳが挙がるだろう。

Ｔａｙの開発チームも、Ｔａｙに自然言語を習得させる場として、ツイッターが最適だと考えたという。出だしは好調だったものの、Ｔａｙはあっという間に非常に攻撃的なツイートを投稿するようになり、なんと16時間もしないうちに無神経な反ユダヤ主義者になってしまったのである。現実の入力を学習データとして使うことでＡＩをより賢くしよう、と思っても実際にどのようなデータが入力され、ＡＩが何を学習するのかまで意識していないと、このような事態が発生しうることを私たちは肝に銘じなければならない。

ちなみにＴａｙの「再学習によるＡＩの暴走」とは異なるが、２０２１年1月に同様の会話型ＡＩの暴走が韓国でも起こったので紹介しておきたい。韓国のスタートアップ、スキャッター・

ラボが「寂しさを和らげる友達」をコンセプトに開発・公開したのが「イ・ルダ」という名前の会話型ＡＩである。「イ・ルダ」はスキャッター・ラボが有する別のサービスのデータを学習データとして使っている。このデータは許諾を受けたユーザーのＳＮＳ上のテキストから、個人情報を匿名化して生成した大量の文章からなり、「イ・ルダ」は会話の流れに応じて適切な文章を回答として出力するように設計されていたとのことである。

　当然のことながら、開発者は「イ・ルダ」が差別的な発言をしないよう差別用語を除外する仕組みをいれ、差別発言をするように意図した入力にも対応できるようにし、十分なテストを行ったうえで公開している。しかし、「イ・ルダ」が差別的な発言をしていることがネットで話題になり、サービス中止に追い込まれている。Ｔａｙの教訓を踏まえ、十分な対策をとったにもかかわらずなぜ会話型ＡＩの暴走がまた起こってしまったのか？　それは機械にとって「文章」の理解の難しさに起因している。

　原因はずばり婉曲表現である。人間にとって文章は複数の意味を伴う場合が多い。文章に使われている単語、言い回しが直接表す意味もあれば、その裏に潜む意味もある。一方、ＡＩにとって文章は記号列と一緒である。そしてその記号列に反応して学習した結果を返してしまう。婉曲的な差別表現に対して「それは素晴らしいですね！」という反応をしてしまう可能性があるのだ。「イ・ルダ」の失敗は、差別用語などに対する十分な対策をしたとしても問題が起こる場合もある、という重要な教訓を与えてくれる。

人間中心のデザインという原則に立てば、開発だけでなく運用段階においてＡＩの出力結果の評価・モニタリングにも、人間中心、多様性のあるユーザーグループでの評価・モニタリングの仕組みを取り入れることが求められているといえるのではないだろうか。

「責任あるＡＩ」とあわせて重要な概念に「**ＡＩ倫理**」がある。「ＡＩ倫理」とは、「**責任あるＡＩ**」**実現のために守るべき規範**である。「ＡＩ倫理」が中心にあり、５つの原則ＴＲＵＳＴを備えたＡＩが「責任あるＡＩ」であるといえる（図表1−8）。

Ｇ20の「human-centered AI原則」には、以下のような記載がある。

●ＡＩは、包括的な経済成長を促進し、社会に大きな利益と持続可能性をもたらし、個人に力を与えるのに役立たなければならない。

●ＡＩの責任ある使用によって、すべての人に機会を与える人間中心の未来社会の実現に貢献しなければならない。

企業・組織としてＡＩの倫理的なガバナンスの実施は、各国・組織でのガイドライン制定が進んでいる現在、必須項目となりつつある。まずはＡＩの倫理的ガバナンスが必要かどうかを以下のチェックリストで確認しよう。

図表1-8 「責任あるAI」と「AI倫理」の関係

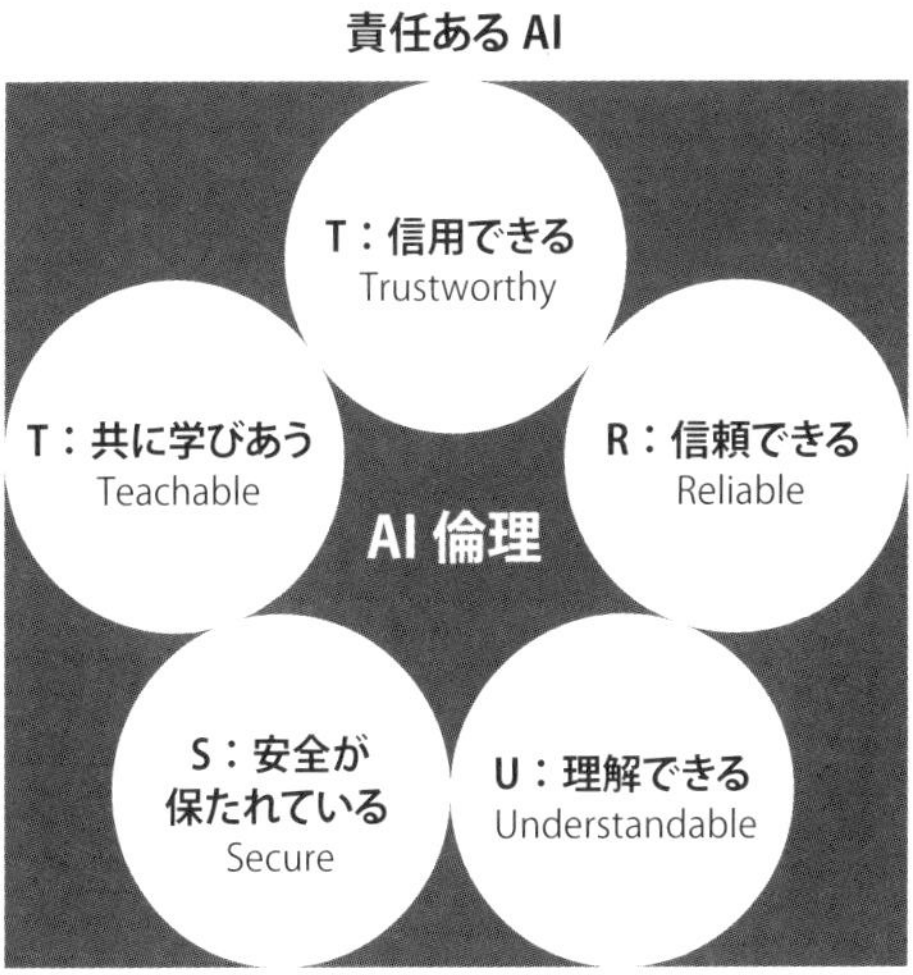

出所：アクセンチュア

●あなたの組織では、個人が特定される情報、個人情報または機密情報とみなされるデータを使用するＡＩ／機械学習アルゴリズムを開発している。もしくは、個人が特定される情報、個人情報または機密情報についての結論を導き出すことができるデータを使用している。

●あなたの組織は、個人が特定される情報、個人情報や機密情報とみなされるデータを収集するＡＩ／機械学習アルゴリズムを活用した製品を開発している。

●あなたの組織は、ＡＩ開発のためにサードパーティのベンダーを利用している。

前章（Ｔｈｅｏｒｙ１）で顔認識における人種間の認識精度の差異が問題になっているという話をしたが、顔認識ＡＩのインプットとなる「顔画像」はここでいう「個人が特定される情報」といえる。このようなデータを使いＡＩに何らかの判断をさせようとするならば、チェックリストの1番目に該当することになる。この具体的なチェックリストは、自分たちの開発している・製品化しようとしているＡＩに「倫理的ガバナンス」が必要かどうかに気づく契機となる。

3番目については、第三者のベンダーを使用することにも潜在的なリスクがあるのでチェックリストに入れている。企業にとって製品に使用する部品に安全を求めるのは当然であるが、ＡＩについても同じである。第三者のベンダーが提供するＡＩを利用している場合、そのＡＩが倫理的に問題のある挙動をしないか、そのＡＩを構築する際に用いている学習データには倫理的に問題のある要素はないか、などについて今後判断していかなければならないからである。

倫理的ガバナンスが必要だと認識されたら、次はそのＡＩが倫理に反していないかを組織的に確認していく。その場合、あらかじめ以下の項目を確認する必要がある。

●倫理的行動は、組織としての価値観の核となっているか？
●自らの行動が倫理的であるということを普段からどのように確認しているか？
●あなたの組織は設計・開発ガイドラインをすでに持っているか？
●前記ガイドラインに追加して倫理に関する事項を具体的に織り込むことができるか？

- あなたの組織が設定した戦略目標とは何か？
- AIはその目標に整合させることができるか？
- AIによる分析結果と相反しないように、会社は戦略を立てることが可能か？

このチェックリストではミッションステートメント（経営理念）と「AI倫理」が整合するか、あるいは整合するよう活動することが可能かどうかを確認している。ミッションステートメントと整合しない「AI倫理」は企業内で存続できない。ミッションステートメントはどの企業も持っているものだが、その理念と整合するように自社における「AI倫理」を決めなければならない。そして、策定された「AI倫理」の下でTRUSTを具体化する活動を行っていくのである。

Theory 3

AIの潜在的リスクに備える4つの観点からのアプローチ

Theory 3 のポイント

- ●AIは潜在的なリスクをはらみやすい技術であり、主に「目的とその影響」「入出力」「アルゴリズム（計算方法）」「データ」でリスクが混入しやすい。
- ●AI活用のビジネスケースにおける潜在的リスクの例について説明する。
  - ▼医療：AIによる誤診やデータのバイアスに起因する医療サービスの不平等
  - ▼保険・金融：データのバイアスに起因する与信限度額の不平等
  - ▼物流：物流施設でのロボット、自動運転配送車における事故

▼小売：Eコマースにおける不適切なレコメンドや価格設定
▼製造：雇用の削減における倫理的問題と責任の所在

●TRUSTの原則を踏まえて、これらのリスクを低減するための取り組みには4つの方向性がある。

▼技術面：AIのモデル開発やデータのバイアスへの対応の実施
▼ブランド面：ESGの観点で、AI開発においてのバリューチェーンを意識しすべての工程で「AI倫理」に準拠することでブランド価値を高める
▼ガバナンス面：AIのガバナンス実施のための組織体の設置（倫理委員会など）
▼組織・人材面：人材育成や組織文化の醸成

AIに混入する潜在的リスクとは？

ＡＩはその利用に潜在的なリスクをはらんでいることを理解しなければならない。ＡＩはデータに存在するパターンを学習し、未知のデータが入力された際に、そのパターンに反応して結果を出力するものである。したがってＡＩを開発・利活用する際には、以下の点に留意しな

ければならない。

- ●どのような目的でAIを利用するか、AIがどういった影響を及ぼすか。
- ●AIに対し、どのような入力と出力を想定するか。
- ●AIをどのようなアルゴリズム（計算方法）で実装するか。
- ●AIの学習のためにどのようなデータを使うか。

以下、それぞれの点において存在する潜在的リスクについて述べる。

●目的と影響：例えばＡＩにより情報収集の効率化を実現するという目的を考えてみる。多数のニュース記事などから自分の関心やプロフィールに合わせて記事を収集してくれるようなキュレーションシステムが頭に浮かぶだろう。この目的にリスクはあるだろうか？　個人の趣味嗜好、関心に合わせて情報を集めてくれるのだから大きな問題は起こらないように見受けられる。ところがこういったキュレーションやリコメンドのシステムは、提示される情報が偏ってしまう（広範に情報を集められないかもしれない）というリスクがあることが指摘されている。

「そもそもユーザーに合わせて（ある意味偏った）情報を提示してほしいのだからよいのでは？」と思われるかもしれない。実はこれが問題視されるきっかけの一つが、米国のトランプ政権下での国内分断であった。ＳＮＳ上で同意見の人たちがつながり、集まり、意見交換をする。「いいね」などによりさらに同じ意見の人たちがつながりやすく、同じ意見を述べたブログや記事などが見つかりやすくなっていく。一方、反対意見の記事には触れにくくなっていく。その結果起こるのが「エコーチェンバー」と呼ばれる、閉鎖的な空間の中で特定の意見・信念が増強されてしまい、それ以外の意見を受け入れられなくなってしまう現象である。

２０２１年１月６日の米国連邦議会議事堂占拠事件は記憶に新しいが、これもエコーチェンバーにより増強された陰謀論がその背景にあるとされている。ＳＮＳの社会インフラ化とともにコミュニケーションはより容易に、同意見の人もより見つけやすくなっているが、情報収集の効率化ＡＩがこういった社会的な影響を及ぼす可能性もあるのである。

●**入出力**：ＡＩへの意図していなかった入力、ＡＩからの意図していなかった出力がそれまで想定していなかった結果を生む可能性がある。「意図していなかった入力」として真っ先に「異常値」が挙げられると思うが、実は異常値については比較的対策が立てやすい。例えば想定される数値の幅がわかっているのであれば、その範囲外の値が入力されたときにどうするのかを決めればよいのだ。

対策が難しいのは「異常値ではないが注意して扱わなければならない入力」である。韓国のスタートアップの対話型ＡＩでの失敗事例について前に述べたが、まさにそこで問題にな

図表1-9　敵対的サンプルの例

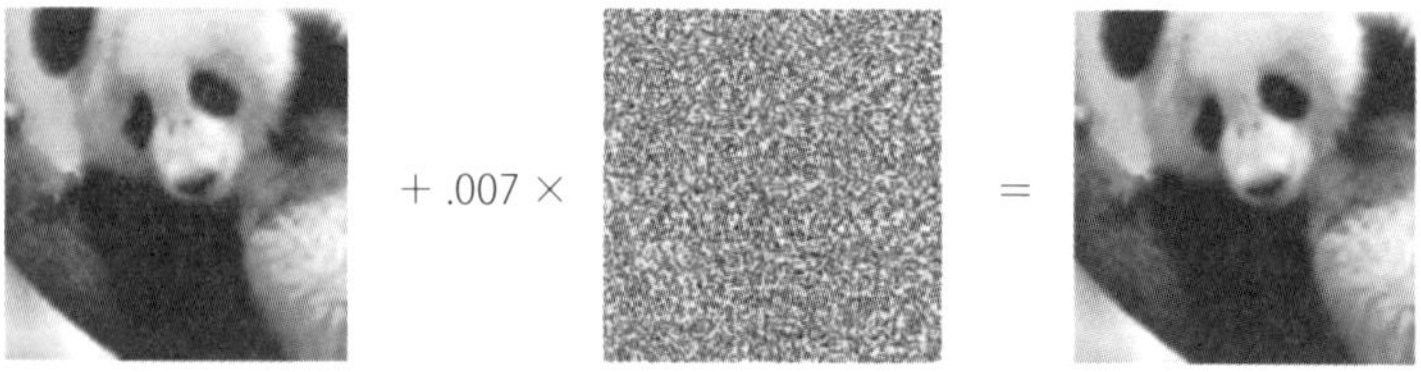

出所：Goodfellow et al., "Explaining and Harnessing Adversarial Examples", ICLR 2015, arXiv:1412.6572

ったのもこの種の入力である。文章としては、文法が間違っているわけでも、意味をなさないわけでもないが、裏の意味（差別的な意味）を含んでいるのに、それを区別できなかったところが問題だった。

画像認識でも敵対的サンプル（Adversarial Example）という問題がある。図表1-9の画像を見てほしい。

人間の目には知覚できないが右端のパンダの画像には左端のパンダの画像に対してノイズが重畳されている。これを画像認識で分類すると、左端の画像は「パンダ」と正しく認識されるが、右端の画像は「テナガザル」と認識されてしまうという問題が報告されている。画像認識を使ったサービスに対して意図的に誤認識をさせることができるという点で対策が求められている問題の一つになっている。攻撃者にとっては意図したものであるが、開発者にとってはもちろん意図していなかった入力（あるいは出力）ということができる。

もう一点、意図していなかった出力として触れておきたい問題は自動運転における「トロッコ問題」である。思考実験としても有名な実験なのでご存じの方も多いと思う。概要はこうである：「ブレーキが壊れたトロッコが暴走している。線路の先には5人の人間がいて、そのままでは間違いなく5人をひき殺してしまう。しかしトロッコの進路を変えることができて、変えた場合の線路の先には1人の人間がおり、その人間をひき殺すことになる。トロッコの運転手は進路を変えるべきか否か」。この問題が注目されるのは自動運転車（ここでは完全自動の自律運転車とする）が事故をどう回避するかの議論とも関係するからである。

例えば、トロッコを自動運転車に置き換え、さらにこれらに第3の選択肢、すなわち自損事故を起こすことで他者への被害を回避することができる（ただしこの場合ドライバーは死亡する）とすると、どうすればよいのか。さらにドライバーが妊婦だった場合、後部座席に子どもが同乗していた場合、などなど判断が非常に難しい問題である。

MITメディアラボの研究チームがMoral Machine[26]というプラットフォームを使って4000万人近くに対しこうした思考実験を行い、その結果が2018年に学術誌『Nature（ネイチャー）』で発表されているが[27]、結果は非常に興味深いものである。ちなみにMoral Machineは日本語版も提供されている。研究チームが設定した指標は以下の9つである。

▼不介入の傾向

▼歩行者生存の優先

▼歩行者の性別
▼歩行者の体形
▼法の順守
▼社会的地位
▼年齢層
▼生存数の優先
▼人間の優先（犬猫などの動物が歩行者といた場合に）

回答者の国や宗教、文化にかかわらず、「動物よりは人間を、少人数よりは多人数が生存する方法を、高齢者よりは若者を」が優先されたという共通の特徴があるが、そのほかは国・宗教・文化により違いがあったそうである。自動運転のＡＩが歩行者の社会的地位まで判断するというのは現実的ではないので、ＡＩで正しく判断できるようにしようと言いたいのではない。ここでの論点はＡＩの結果に対する解釈が国や地域、文化、宗教によって変わる可能性がある、ということである。ある国において許容可能なＡＩの出力結果も、別の国の消費者にとっては受け入れがたい場合もあることに留意しなければならない。

●アルゴリズム：“Weapons of Math Destruction: How Big Data Increases Inequality and Threatens

Democracy"（「数学」破壊兵器：ビッグデータがいかに不平等を助長し民主主義の脅威となるか）の著者であり、数学者・データサイエンティストでもあるキャシー・オニール氏は、「アルゴリズムとはプログラムに埋め込まれた意見である」と述べている。設計者が何を成功とするかという基準を決め、その基準に基づいてアルゴリズムが設計されるからである。人間が設計するものである以上、設計者が望みも気づきもしない形でバイアスの影響を受ける。しかも人間は、アルゴリズムは客観的なものであり、その出力は合理的であると判断してしまう傾向があるので、そのバイアスに気づくことができない場合も多い。

典型的な例として、人は自分の仮説を支持する証拠を探し、相反する証拠を無視する傾向があるというバイアス、「**確証バイアス**」がある。このバイアスの影響で、ＡＩ設計者はアルゴリズムの設計段階において、どういう特徴量を「使って」、どういう特徴量を「使わない」のかを、自分の仮説を強化するように選択して設計してしまうという、いわゆる「**チェリーピッキング**」を行ってしまうのだ。例えば相関関係はあるが一見すると因果関係があるように見える関係、いわゆる疑似相関などはこういったバイアスに影響しやすい。

有名な例としてよく取り上げられるのがコロンビア大学の医師が２０１２年に行ったデータ分析である。その医師によると、１人あたりのチョコレートの年間消費量が多い国ほどノーベル賞受賞者数が増えるという。チョコレートには認知機能を高めるとされている成分フラボノールが含有されているため、チョコレートの消費が多い国では認知機能が高く、その結果ノーベル賞の受賞が多いのではないか、というものである。これが真実であれば、チョコレートの年間消費量をインプットとして、来年のノーベル賞受賞国を予測するアルゴリズムが設計できそうだ。しかしこの瞬間、アルゴリズムに設計者の仮説（「チョコレートの年間消費量が多い国ほどノーベル賞受賞者数が増えるはず」）が含まれたことに留意してほしい。

だが本当にチョコレートの消費とノーベル賞受賞との間に因果関係を認めてよいのだろうか。両者の間に第３の因子（交絡因子と呼ぶ）はないのだろうか。チョコレートの消費が多い国というのは豊かな国ともいえる。したがってＧＤＰの大きさが研究開発の予算に影響し、それがノーベル賞受賞につながりやすくなると考えるのがよさそうだ。

アルゴリズムを設計する際、自分がどのような仮説を置いているかが無意識に反映されるため、前述のような疑似相関を因果関係であるかのように扱ってしまうと思わぬ結果を招くことになりかねない。

また、製造業へのＡＩの利用では、製造工程で発生する製品不良をＡＩで予測するという事例がある。製造工程Ａでの出力値（製造装置からの出力値や中間製造品の計測値など）が後段の製造工程Ｂでの歩留まりと相関関係があることがわかったとする。そこで製造工程Ａの出力値から製造工程Ｂの歩留まりを予測するＡＩを開発し、製造工程ＡとＢの間の在庫管理、製造工程Ｂ以降の在庫管理の最適化を行うようなシステムを構築する場合を考えよう。

ここで注意すべき点は何だろうか？　実はこれだけでは良いも悪いも判断できないところ

が、この問題が厄介な点である。ただし「これは疑似相関かもしれない」とＡＩ開発時点で疑えるかどうかは非常に重要なポイントである。その観点があれば、検討時点から工場での作業者の視点を入れるべくベテランに参画してもらうべきであるし、利用者の観点から新人にも検討に参画してもらうということ選択肢に入ってくるだろう。こうして、適切なアルゴリズム選定が行われていくのである。

●**データ**：使っているデータそのものに問題がある場合もある。ＡＩの開発にはデータが必要であるが、ＡＩ開発用に大規模なデータが一般公開されており、そういった大規模データを使ってこれまでのＡＩの研究・開発が加速したことは間違いない。しかし、近年こうした大規模データの中にバイアスが存在し問題が起こることが指摘され始めている。例えば言語生成ＡＩの研究・開発においてはReddit（インターネット掲示板）やツイッターなどの投稿文からデータを作ることが多いが、この中には偏見・差別的な表現も含まれており、またデータの収集方法によっては内容が偏っている（特定の意見に与する発言が多い）ことなどが指摘されている。こうしたデータに基づいて学習された言語生成ＡＩは当然こういった偏見・差別表現を内包してしまうことになる。

　自然言語処理の分野では研究用の言語リソースとして新聞記事データを活用することも多い。では、新聞記事データであれば表現・文法など含めて高品質かつ平等な内容なので問題ないと判断してよいものだろうか？　実は最近、米国の主要地方紙でこれまで白人優位の記事が多かったことを謝罪する動きが出ている。２０２０年９月、『ロサンゼルス・タイムズ』は過去の白人優位の報道を謝罪する社説や関連記事を掲載、同年12月にはミズーリ州の有力紙『カンザスシティー・スター』も黒人市民の権利を軽視してきたことを謝罪する書簡を掲載している。この背景には米国の記者の割合において白人が優位であることが指摘されている。

２０１８年の編集幹部協会の調査によると、黒人記者数は白人記者数の10分の1程度しかいないという。記事を執筆する記者に多様性が乏しい場合、その記事データは公平性が満たされていると判断できるものだろうか。データ中のバイアスが容易には判断しにくい言語データには一層の注意が必要になっている。

さて、ＡＩにおいて重要な学習方法は「教師あり学習」、すなわちシステムとして出力してほしい解（教師）を入力とペアで与えることで、理想的な解を出力できるようにＡＩを訓練していく方法である。このとき、解を与えるのは人間の作業になるが、この人間によって与えられる解にバイアスが混入することが以前から指摘されている。

例えば、画像認識ＡＩの学習においては画像に対してその正解をタグとして付与したデータを使う。「犬」の画像であれば「犬」、「猫」の画像であれば「猫」という具合に人間に正解を付けてもらったデータだ。ところがここに人間によるステレオタイプの当てはめがあり、付与する正解タグに不平等が生じている。スーツを着た白人男性の写真であれば「ビジネスパーソン」などのタグが付きやすく、スーツを着た白人女性であれば、「若い」「美しい」「ヘアスタイル」などの外見に関するタグが付きやすいというのだ。[28]

　また２０１９年のケイト・クロフォードとトレバー・パグレンによる研究[29]によると、ImageNet（コンピュータビジョンの機械学習モデル訓練用の画像データセット。多くの研究者が利用する）の中に、女性蔑視のタグや人種差別的なタグが付与されているのを発見している。

　ＡＩを開発するのに必須のデータ。現在、このデータをだれが作成したのか、どのように収集したのか、バイアスが含まれていないかなどの公平性・透明性を求めることが強くなっていることに十分留意しなければならない。

各産業分野におけるＡＩ適用と考えうるリスク

　ここまで、「目的とその影響」「入出力」「アルゴリズム（計算方法）」「データ」での潜在的リスクについてそれぞれ述べてきた。デジタル経済の進展にしたがい各領域でのビジネスでＡＩの活用が進んでおり、それによってもたらされる経済効果は非常に大きい。ここではそういったＡＩ活用の可能性、プラスの側面について紹介しながら、リスクについても述べていく。

医療分野

医療における診療・診断・治療支援領域では、ＩｏＴ（Internet of Things）、ＸＲ（ＶＲ：Virtual Reality／仮想現実、ＡＲ：Augmented Reality／拡張現実、ＭＲ：Mixed Reality／複合現実）、５Ｇなどの技術応用が進んでおり、これらの技術とＡＩとの融合も進むと予想される。例えば超高速・超低遅延の５Ｇ技術は遠隔診療においてネックとなっていたリアルタイムでのモニタリング、操作を可能とし、これまでよりも複雑、かつ高度な医療行為が遠隔で実施できるようになるだろう。

一方、診断・診療を行う医師を支援するためのＡＩ技術も進展している。医師による医療画像の読影を支援する画像処理ＡＩや、内視鏡画像などからリアルタイムにがん関連の病変を検知する画像認識ＡＩ、患者の診療情報やセンシング情報など複数の情報源からのデータを使って疾病の予測を行うＡＩなど、さまざまなＡＩが開発・応用されている。医療の高度化だけでなく、医師の負担軽減や診察の均質化などの観点からも医療分野向けＡＩは今後もますます技術開発が進むと思われる。

矢野経済研究所が２０２０年に発表した診断・診療支援ＡＩシステム市場に関する調査[30]によると、ＡＩ等を搭載した診断支援システム、診療支援システムのソフトウェアの国内市場規模は２０２５年で１００億円と予測されている。医療分野におけるＡＩ適用の場合、真っ先に考えられるリスクは「誤診」だろう。ＡＩにおいては１００％の精度はあり得ず、誤った結果が出力されることがある前提で考えておかなければならない。したがって、必ず人間による最終判断を求める設計が必須となる。

また、ＡＩが治療にまで進出してきた場合、万が一誤作動が発生したとしても安全に停止する仕組み（フェイルセーフ）、人間が停止させられる仕組み（フェイルオーバー）も非常に重要な要素となるだろう。一方、最近リスクが指摘されているのが、データに含まれているバイアスがＡＩのモデルに反映されてしまったケースである。

２０１９年10月25日に学術誌『Science（サイエンス）』に掲載された論文“Dissecting racial bias in an algorithm used to manage the health of populations”（住民の健康管理に使用されているアルゴリズムにおける人種的バイアスの分析調査）によると、ある大規模医療機関で扱われた約５万件の医療記録を分析した結果、使用されているアルゴリズムにより白人患者が黒人患者よりも優遇される傾向にあることが判明したという。さらにその結果、追加の医療サポートを受けるべき黒人患者が実際の半分以下にまで減少してしまったと推測している。

このアルゴリズムは患者の将来発生しうる健康問題に関連するコストを予測するためのものであったが、このアルゴリズムへの入力には人種は含まれていなかったという。

それでは、なぜ、このような人種間の不平等が生まれてしまったのだろうか？　アルゴリズムを開発する際に参照したと思われる大量の医療データにその答えがある。米国においては白人と黒人を比較すると平均収入に差があり、医療サービスを受ける機会、頻度にも差がある。

その医療データには白人のデータの方が黒人のデータよりも多く含まれていたと容易に推察できる。したがって、「将来発生しうる健康問題に関連するコスト」という観点で見れば、黒人の方は白人よりも「コストが小さく見積もられる」＝「サポートが不要と判断される」傾向が出てしまうのである。

社会的な不平等がデータに混入してしまった形で、開発者にとってはまったく意図していなかった、想定外の原因だと思われるが、医療サービスを受ける機会の不平等という社会的不平等をさらに助長する影響を及ぼしていたこの事例は、「責任あるＡＩ」を考えるにあたって重大な教訓を与えてくれる。

保険・金融分野

ＩｏＴやＡＩ技術と保険分野のビジネスを組み合わせたインシュアテック（InsurTech）、金融分野のビジネスと組み合わせたフィンテック（FinTech）の成長が著しい。インシュアテック・フィンテックという用語は、もともとは保険業界、金融業界でのテック主体のスタートアップやそこに取り入れられる技術要素を指しているケースが多かったが、最近では保険業界、金融業界におけるデジタルトランスフォーメーション（ＤＸ）によるビジネスモデルの変革を指していることも多い。顧客体験（ＵＸ）の改善による顧客満足度の向上および収益性向上を目的としたものに加え、新型コロナウイルス感染症の感染拡大の影響により、顧客との接点を対面からオンラインに移行する動きも加速している。

自動車保険では、スマートフォンなどのデバイスからドライバーの運転特性データを計測し、ＡＩがそのデータに基づいてドライバーの事故リスクを推定、推定された事故リスクに連動して保険料を変更するサービスや、車載のドライブレコーダーが衝撃を受けた際にＡＩにより自動的に事故かどうかを判定し自動通報を行うサービス、ドライブレコーダーから受信した事故映像と車載のデバイスから得られる加速度データやＧＰＳデータをもとにＡＩが事故状況を解析し契約者の負担を軽減するサービスなど、ＡＩを活用した多くのサービスが実用化されつつある。

こういった動きは生命保険にも見られ、腕時計型のウェアラブル端末から得られる生活習慣や生体情報を使って健康増進活動をポイント化、保険料を増減させる仕組みや、顧客の契約情報や重視する保障、予算などに応じてＡＩが生命保険の補償プランを自動的に立案・リコメンドするシステムなどが実現されている。

新型コロナウイルス感染症の影響で対面業務が困難になった状況を踏まえ、保険金支払いをＡＩで効率化する取り組みも出てきた。契約者がスマホを通じて提出した診療明細書をＡＩが読み取り、保険金支払額を判定するというもので、これまで人手で書類を扱っていたときには支払いまで２週間程度かかっていたが、この仕組みでは最短で１日後に保険金を受け取れるという事例もある。

保険・金融領域におけるリスクとしてＡＩによる判断が不平等となるケースが挙げられるだろう。Ｔｈｅｏｒｙ１でも例示したApple Cardで発覚した〝性差別〟問題を再度取り上げよう。２０１９年８月に米国でサービスを開始したApple Cardをめぐるこの問題は、発行時に設定される利用限度額に男女差がある（女性のほうが低い）ということにユーザーが気づきツイッターに投稿したことに端を発する。すぐに発行元であるゴールドマン・サックスから性別データはアルゴリズムに入力されていないという発表があったが、結局異議があれば再審査を請求できるという対応となった。

果たして、アルゴリズムが取り扱うデータから性別データをなくせば、このような男女間での不平等の問題は起こりえないのだろうか？　これは前述した、医療機関で使われていたアルゴリズムで白人・黒人間で不平等があった問題とまったく同種の原因によるものと思われる。すなわちデータのバイアスである。

ＡＩの学習の際に用いるデータにそもそも男女間での差異が含まれているのだとしたら、ＡＩの出力結果も、たとえ入力に性別を使っていないとしてもその潜在的な男女差を反映したものになりやすい。そしてこのことはＡＩに用いられているアルゴリズムの監査およびデータの監査の重要性を示していると同時に、その判断の難しさも表しているといえる。なぜならば、性別のデータを取り除いたデータに対し「性別」による偏りがあると判断するのは非常に難しいからである。

アルゴリズムやデータについてのバイアスを技術的に検証する方法については後述するが、アルゴリズムやデータの専門家がいればこのような問題が確実に防げる、というわけではないことに十分の注意が必要である。

物流

新型コロナウイルス感染症の蔓延により世界各国がロックダウンや市民の外出自粛を余儀なくされる中、「巣ごもり消費」という新しい消費スタイルが生まれ定着しつつある。「巣ごもり消費」とは自宅に居ながらネットショッピングや動画・音楽配信、ゲームなどのエンターテインメントを楽しむ消費スタイルのことである。

巣ごもり消費でのネットショッピング急増によりモノの輸送量が増え、慢性的な人手不足だったドライバーや物流施設で、人手確保の困難さがより深刻になっている。こういった流れの中で注目されているのが物流施設におけるロボット導入による自動化および自動運転による配送である。

米不動産サービス大手のクッシュマン・アンド・ウェイクフィールド（Ｃ＆Ｗ）の日本物流施設市場の動向に関する２０２０年下半期のリポート[31]によると、新型コロナウイルス感染症によって消費行動のデジタルシフトが加速する中、配送需要増を受け国内外のデベロッパーが開発用地を取得する動きを見せ、消費地近隣での賃料が上昇しているという。

こうした動きの中で物流施設でのロボット導入による自動化の需要も高まっており、仕分け、ピッキング、運搬、荷下ろし、荷積みなどの作業ロボット導入による自動化が今後も進んでいくと予想される。

一方、自動運転（自律運転）による配送自動化が深刻なトラックドライバー不足を解消する手段として注目されている。拠点間の配送であればルートはほぼ決まっているので、自動運転を導入しやすい分野であるといえる。ただし無人の自動運転車が公道を走行するには、自動運転車の開発と共に法整備も並行して進めなければならない。

自動運転については「トロッコ問題」という倫理的な問題がつきまとうという話はしたが、自動運転が各種のセンサー技術、制御技術とＡＩを組み合わせたものである以上、ＡＩによる誤認識・誤判断の可能性を排除することはできない。例えば走行中の状況では、天気、時間帯（朝、昼、夕方、夜）、路面状況（濡れている、雪が積もっている）、路上の状況（人、車、異物などの存在）、周辺の状況（信号、建物、看板など）、突発的事象（人、モノ、動物の飛び出しなど）があり、それらを総合的に認識、判断しながら走行の自動制御を行う必要がある。

ＡＩの誤認識・誤判断による事故は起こりうるものだという前提に立った場合、求められるものはＡＩの「説明可能性」、すなわちその時の状況を入力とした場合に、自動運転車の内部アルゴリズムなどの動作を分析し、なぜその出力（制御）に至ったのかを説明できるか、という点にある。これは責任の所在を明らかにするためであるのと同時に、同じ事象での事故を減らすためのＡＩの改良、技術革新のためでもある。

　このような説明可能性は、物流施設に導入されるロボットにも同じように求められると考えられる。物流施設で扱う荷物をロボットで破損してしまったり、誤認識により誤配してしまったりすることは大きな損失になるため、再発防止が常に求められるからである。また、物流設備であれば人間と協働してロボットが働いている可能性もある。誤認識によりロボットがその場にいた作業員を傷つけてしまうようなケースは避けなければならない。

小売

２０２０年の内閣府「経済財政白書[32]」によると、経済産業省「電子商取引に関する市場調査」においてＥコマース市場は、Ｂ２Ｂ市場も含め、２０１９年時点で３７４・１兆円、Ｂ２Ｃ及びＣ２Ｃ市場は合わせて21・１兆円となっている。これは、家計最終消費支出の約７％に相当するという。先に述べたとおり、新型コロナウイルス感染症の影響により消費者の購買行動のデジタルシフトが一気に進んでおり、Ｅコマースでの消費の増加は総務省「家計消費状況調査」からも確認できる。

　気になるのは、巣ごもり消費の増加に伴う消費者のＥコマース利用が一時的なものなのかという点である。大きな経済的ショックは経済構造を変容させ、ショックがなくなった後も元に戻らないことが多い。このような現象は「履歴効果」と呼ばれており、経済財政白書によると

Ｅコマースの利用は履歴効果が大きく、増加した状態が続くと見込まれるという。

このＥコマースやマーケティング分野でのＡＩ活用事例は多く、およそ人間が行っていた作業をＡＩで推定させるというものが多い。例えば、売り上げの予測、売れる商品の予測、顧客に合わせた商品レコメンド、見込み客・離脱客の予測、価格の最適化、在庫数の最適化など、これまでＫＫＤ（勘・経験・度胸）で行われていた業務をデータドリブンなシステムにするというものだ。

また、マーケティングにおいて有名な手法にＡＢテストがある。米国のバラク・オバマ元大統領がこの手法を使い支持者を増やしたという事例が有名である。オバマ氏の公式ホームページのデザインや配置、文言を複数パターン用意し、閲覧者に対してそれらパターンの組み合わせのいずれかが表示されるように設計。閲覧者が実際にメール会員に登録したか（支持者になったか）のデータと突き合わせて、支持者が増えるようにホームページのデザインを変えていき、最終的に多くの支持者を獲得できたことが大統領当選の一因とも考えられており、脚光を浴びた。

このＡＢテストは医療の研究で用いられるランダム化比較試験の一種である。治療や投薬を実施したグループと実施していないグループとで、効果を検証したい治療行為・投薬行為以外でグループ間に差がないようにランダム化を行う手法である。

大規模な治験はコストや実現性の面でも難しいため、一定数の治験被験者に対してどのようにランダム化比較試験を行うかはきちんとしたメソッドが決められている。一方ＡＢテストをオンラインで行う場合には非常に大規模な被験者に対して試験ができるので、医療分野でのランダム化比較試験ほどきちんとした手法が確立しているわけではない。

　このＡＢテストにおいてはＡＩでデザインやキャッチコピーなどを自動生成させ大量のパターンに対してテストを行うことも可能になっている。人間がほとんど関与しなくてもアクセス数が増えるようなウェブページデザイン、購入者が増えるような画面レイアウトなどが可能になっている。

　一方、ＥコマースにおいてはＡＩによるパーソナライズも重要な要素になっている。消費者が欲しい（と思われる）商品をレコメンドする技術はその一例である。レコメンドには過去のユーザーの購買履歴やプロフィールなどから推定する手法もあれば、属性が似ているほかのユーザーの購買行動から予測する方法もある。現在個人情報のトレースの観点で問題になっているCookieを利用してのレコメンドもよく用いられている。そして最近このパーソナライズは価格にまで及んでおり問題視され始めている。

　英規制当局Competition and Markets Authority（ＣＭＡ）は２０２１年１月、商品の価格、表示順序、選択肢に関するパーソナライズのアルゴリズム誤用が消費者に害を及ぼす可能性があるとして調査を開始した。指摘されている例としては、ユーザーが抵抗なく支払う金額をＡＩで予測し、ユーザーごとに提示する価格を変える例がある。

よく似た方法にダイナミックプライシングがあるが、こちらは需要が高いときには価格が上がり、需要が低いときには価格が下がるように価格調整を自動的に行うものであり、市場原理に則った動きである。一方、この指摘例では市場原理は関係なく、ユーザーに応じて不当に価格が上昇する可能性がある。

さらに最近は複数の小売事業者で導入されているこういった価格設定のＡＩが協調的に働き、価格が同調してしまう現象が報告されている。価格設定のＡＩには自社で設定した価格に対する売り上げ変化だけでなく、競合の価格設定なども観測させる場合がある。価格を下げると価格競争になり収益が下がると学習したＡＩは他社の価格設定に合わせた同調的な動きになる可能性があるのだ。

実際、完全管理下に置かれた疑似市場での実験では、独立した複数の価格設定ＡＩが同調して高水準の価格設定に固定されたことが示されている。企業が同業他社と示し合わせたうえで価格を決める行為は「価格カルテル」として独占禁止法で禁じられているが、このようにＡＩによって価格が同調的に決められてしまう問題に対しＯＥＣＤや独仏競争当局などにおいても対策を求める声が上がっている。

日本でも２０２１年３月31日公正取引委員会が、複数の企業で適用されているＡＩやアルゴリズムによる自動的な価格調整がカルテルとなり、独占禁止法違反になる恐れがあるとの見解を含む報告書を発表している。[33] 同報告書によれば、事業者間での「「合意」とされる行為は必ずしも明示的な申入れとそれに対する承諾のような行為のみを指すのではなく、相互に他の事業者の対価の引上げ行為を認識して、暗黙のうちに認容するといった「黙示による意思の連絡」も含むと解されている」(同報告書より抜粋)。ＡＩやアルゴリズムによる同調的な価格設定は今後違反となり得るので注意が必要となっている。

他にも、日本国内で透明化・規制の動きがあるのが、ショッピングサイト・予約サイトなどでのランキングの表示順である。私たちの行動は検索結果に表示されるランキングの表示順に大きく影響される。上位にあるものほど自分に合っている、あるいはおすすめされている、評価が高い、と思われているからだ。しかし実際のところこのランキング表示順のアルゴリズムはほとんど公開されていない。したがって公平な競争原理が働いていない可能性があり、各国・地域でアルゴリズムの透明性を求める動きが広がっている。

製造業

製造業におけるＡＩ適用は活発に行われており、ＩｏＴや5Ｇの技術と組み合わせた生産性向上はまさにこれから本格化してくると思われる領域となる。特に5Ｇの高速、超低遅延、多数同時接続という特徴はＩｏＴによるセンシングと相性もよく、ＡＩによる自動判定などとの組み合わせにより、早期の不良検知、不良発生時の原因推定、在庫管理最適化、動線最適化などさまざまな応用例が今後ますます増えてくるものと思われる。

総務省の令和2年版「情報通信白書[34]」によると、ＩｏＴプラットフォームのターゲット領域は企業向けプラットフォーム、特に製造業が最も多く、ＩｏＴプラットフォーム事業者の約50%が、製造／工業用途にフォーカスしていることからも、注目領域であることがわかる。

さて、ＡＩ導入による生産性向上を図る際に考慮しなければならない倫理的問題には、「削減される雇用や社会への影響」と「ＡＩによる決定の責任の所在」がある。現在の日本の製造業においてはベテランの退職によるノウハウ継承や人手不足が問題になることが多く、ＡＩによりそれを補えるのではとの期待があるため雇用への影響は大きな問題になりにくい。他方、労働集約型産業の割合が大きい国や地域では工場などの製造現場が雇用の重要な受け皿になっている場合が多いため、ＡＩ導入による失業者の増加は社会的に注目される可能性が高い。

さらに、そうやって自動化が進んだ場合、ＡＩの決定による損失は誰が責任を負うのかという問題もある。例えばＡＩの判断ミスにより製品に不良部品が混在し、そのせいで事故が起きてその製品を利用する消費者に不利益が生じたとする。この場合、ＡＩの使用者（すなわち事故製品の製造者）が責任を負うのか、あるいはＡＩの提供者（すなわちＡＩシステムの製造者）が責任を負うのか。その問題は予め議論しておくべきであるが、ＡＩの開発者あるいは利用者として留意すべき点はあるだろうか？

重要なポイントは、ＡＩの説明可能性と解釈可能性である。先に述べたとおり、説明可能性とはＡＩ内部のアルゴリズム等を考慮したうえで入力と出力の関係を説明できるということである。これは、万が一ＡＩの判断ミスが判明した際にその原因究明ができるということに他ならない。原因究明ができれば企業としても適切な対応をとることができ、結果として消費者を守るための行動をとることができる。原因究明ができなければ対策をとることもできないのでＡＩを利用する企業にとっても、その企業が製造する商品を利用する消費者にとっても不利益を被ることになる。

　解釈可能性というのは、内部の仕組みを知らなくても入力に対する出力を予測できるということである。どんな反応をするかわからないＡＩを製造の現場で使うとは思えないが、製造現場の専門家やベテランが納得する動作をＡＩが完全にしているかというのは重要なポイントである。

　したがって現場を知らない開発者がデータだけを使って開発したＡＩを現場に投入することほど危険なことはない。データの収集からＡＩのアルゴリズム設計、学習と結果の評価のすべての段階で現場のベテラン、管理者、新人などあらゆる関係者を積極的に巻き込み、開発を進めることが極めて重要である。さらに責任の所在の問題も出てくるので、構想段階から法律の専門家なども含めて議論を行うことが将来的なリスクを低減することにつながるだろう。

AIの導入・定着のために求められる施策とは？

このように各分野でのＡＩ応用の際にはメリットもあるがリスクもあることを十分に認識する必要がある。そして企業としてはＡＩの責任ある使用にコミットすることが必要であり、意図せぬ結果や影響をもたらさないように制御することが重要である。具体的には以下のような施策が考えられる（図表1－10）。

●**ガードレールを設置する：**ＡＩが意図せぬ結果や影響をもたらさないように制御する。ＡＩによる判断で許されること、許されないことの境界線を予め決めたうえで、実装に反映。またその境界線を周知する。

●**人間によるチェックポイントを設ける：**ＡＩの出した結果について、視覚的なアウトプットを用意して、その情報を人間が分析、確認できるようにすることでＡＩの不透明さ、ブラックボックス性が減少し、信頼を作り出す。特にＡＩの出力に対して人間の即断が必要なケースでは、より視覚的アウトプットが重要となる。

●**倫理的クラッシャブルゾーンを最小限にする：**アルゴリズムの誤りによる失敗の責任を人間が負わなければならない問題（倫理的クラッシャブルゾーン）に対して対応を行う。リスクを最

図表1-10　AIシステムの検証

AIシステムを導入、定着させるには、最初の段階から**AIの責任ある使用にコミット**することが必要。

そのためには、AIが意図せぬ結果や影響をもたらさないように制御する必要がある。

ガードレールを設置する

AIが意図せぬ結果や影響をもたらさないように制御する。AIによる判断で許されること、許されないことの境界線を決め、実装に反映、またその境界線を周知する。

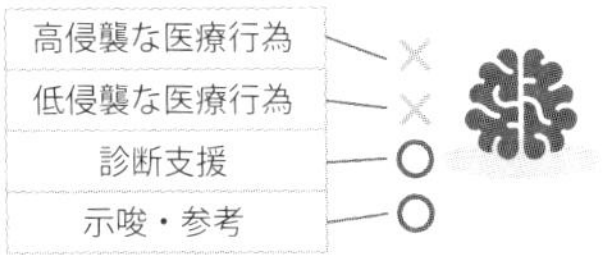

人間によるチェックポイントを設ける

AIの出した結果について、**視覚的なアウトプット**を用意して、その情報を人間が分析、確認できるようにすることでAIの不透明さ、ブラックボックス性が減少し、信頼を作り出す。

倫理的クラッシャブルゾーンを最小限にする

アルゴリズムの誤りによる失敗の責任を人間が負わなければならないという問題（倫理的クラッシャブルゾーン）に対して対応を行う。

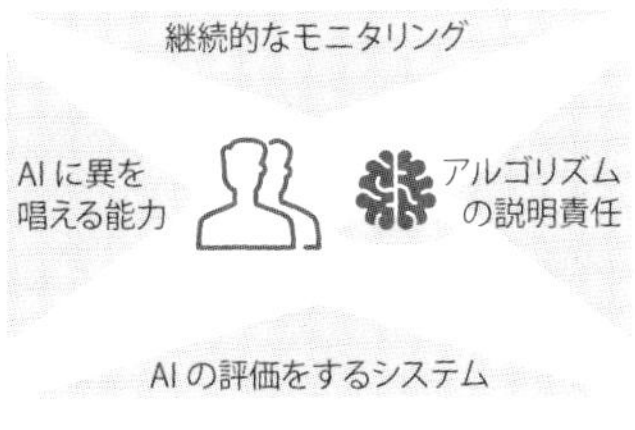

倫理的心理的問題を検討する

人間は**AIから得られた結果を修正する能力を与えられる**と、重要な役割を担う一員だという感覚を持ち、よりAIを**信頼しやすくなる**。AIが自ら下した判断に対して説明を行い、**人間が最終決定するようなプロセス**が必要。

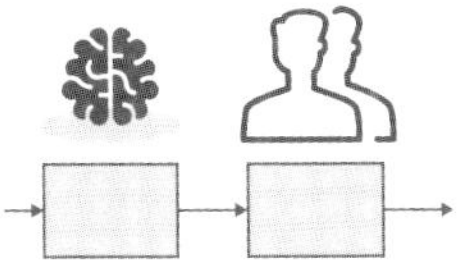

出所：アクセンチュア

小化するには、アルゴリズムの説明責任、ＡＩの評価をする仕組み、学習によって性能が変化し得るＡＩに対するモニタリングの仕組みに加え、ＡＩを無条件に信じることなく、異を唱える能力も必要となる。

- **倫理的心理的問題を検討する**：ＡＩに異を唱える能力が必要な一方で、ＡＩを信じて最大限活用することも大切だ。人間はＡＩから得られた結果を修正する能力を与えられると、重要な役割を担う一員だという感覚を持ち、よりＡＩを信頼しやすくなる。ＡＩが自ら下した判断に対して説明を行い、人間が最終決定するようなプロセスも時として必要となる。

事例　医療分野における「責任あるＡＩ」実現に向けた取り組み

生活習慣病予測

生活習慣病は、国内の医療費の約３割、死亡数の約５割を占めるともいわれ[35]、効果的な生活習慣病予防による日本人の健康増進、ならびに医療財源逼迫の解消が期待されている。

国立研究開発法人国立国際医療研究センター（以下、ＮＣＧＭ）は２０１２年から、働く世代における生活習慣病や作業関連疾患を予防し、職域健康診断の有効性や効率を高めることを主な目的とした大規模な職域多施設研究（Ｊ-ＥＣＯＨスタディ）を実施している。

J-ECOHスタディでは、関東・東海に本社を置く10数企業の社員15万人以上を対象として、定期健康診断、循環器疾病・死亡・長期病休など事業場の健康管理資料を収集・分析しており、さらに働き方や食生活・運動に関するサブスタディも実施している。

私たちは、このJ-ECOHスタディにおいて10年近くかけて蓄積された約12万件の健康診断データを基に、生活習慣病（糖尿病・高血圧症・脂質異常症）の将来リスクを確率として提示する、解釈性の高いAIモデルの構築を目指し、共同研究を開始している（図表1-11）。

生活習慣病の予測については、「打ち切りデータ」を考慮しないAIモデルは例があるものの、本研究では「打ち切りデータ」を考慮して解析するAIを研究対象としている。

「打ち切りデータ」とは、データを記録している期間では、病気にならなかった（あるいは、記録がなくて捕捉できなかった）データを指す。生活習慣病予測のような長期的な発症リスクを正確に推定するためには、データが打ち切られる影響を考慮することが重要となる。このような「打ち切りデータ」を考慮して解析するAI手法は近年発達してきた分野であり、健診結果と生活習慣病の発症リスクとの関係において適用することにその新規性があるといえる。

従って、完成形のAI実現に向けては以下のように段階的に進化させていく必要があると考えている。

図表1-11　事例：生活習慣病予測（国立国際医療研究センターとの共同研究）

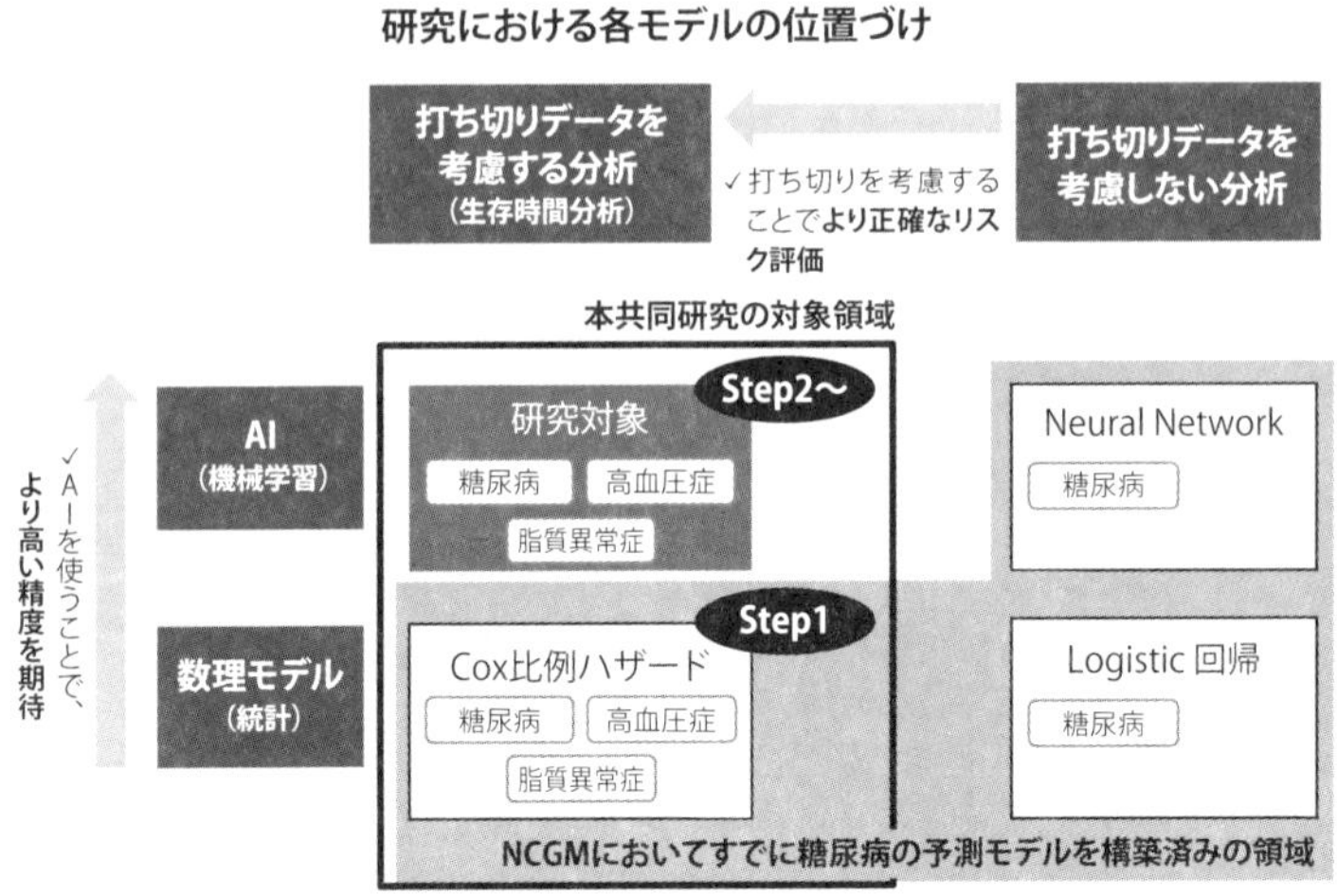

出所：国立国際医療研究センターとの共同研究を基にアクセンチュア作成

●Ｓｔｅｐ１：研究の基準を明確にするため、糖尿病、高血圧症、脂質異常症の３疾患のすべてに対して、解釈可能な数理モデルでモデルを構築。

●Ｓｔｅｐ２：健診結果と生活習慣病の発症リスクとの関係において「打ち切りデータ」を考慮して解析するＡＩ手法自体が有用であることを確認する。

●Ｓｔｅｐ３：Ｓｔｅｐ２の結果を受けて、解釈可能なＡＩを実現するうえでの課題を明らかにし、解決策を提案する。

ＡＩ／機械学習（特にディープラーニング（深層学習）などのニューラル

ネットワーク）によって作成されるモデルの中身は、その仕組みの性質上、基本的に入力と出力の関係性についての解釈が難しく、医療において活用するためには解釈性をいかに担保するかが重要なポイントとなる。

また、医師の判断と組み合わせてＡＩを活用することが求められるため、私たちは説明可能なＡＩの手法を導入している。機械学習の手法を用いて、高い精度での予測は目指しつつ、その機械学習モデルが各変数をどのように使って予測をしたのか、各変数は予測結果にどれぐらい影響を与えているのか、モデルの予測結果に対する各変数（特徴量）の寄与を求めるための手法も用いて研究を実施している。

腎移植予後予測

前述の糖尿病とも深く関連している腎疾患治療、特に腎移植へのＡＩ適用の例も触れておく。昨今の腎移植では、ドナー選択時に行うヒト白血球抗原（ＨＬＡ：Human Leukocyte Antigen）適合性判断や免疫抑制剤による拒絶反応制御によって移植腎の生着期間が劇的に改善している。一方、現行の治療法では制御が困難な免疫反応による慢性拒絶反応や、免疫抑制剤の長期間使用による副作用により、移植患者のＱＯＬ低下が課題となっていた。

そこで私たちは東京女子医科大学と２０２０年から実施している共同研究[16]において、ドナーと腎臓移植希望者（レシピエント）の腎移植前後の観察・検査項目データから慢性拒絶

図表1-12　事例：腎移植予後予測（東京女子医科大学との共同研究）

生活や仕事を大きく制限し、高額の医療費が社会的な問題にもなっている腎疾患治療へのAI活用に取り組んでいる。腎移植後の生着率予測や投薬シミュレーションを実施し、医師の診療サポートを目指す。

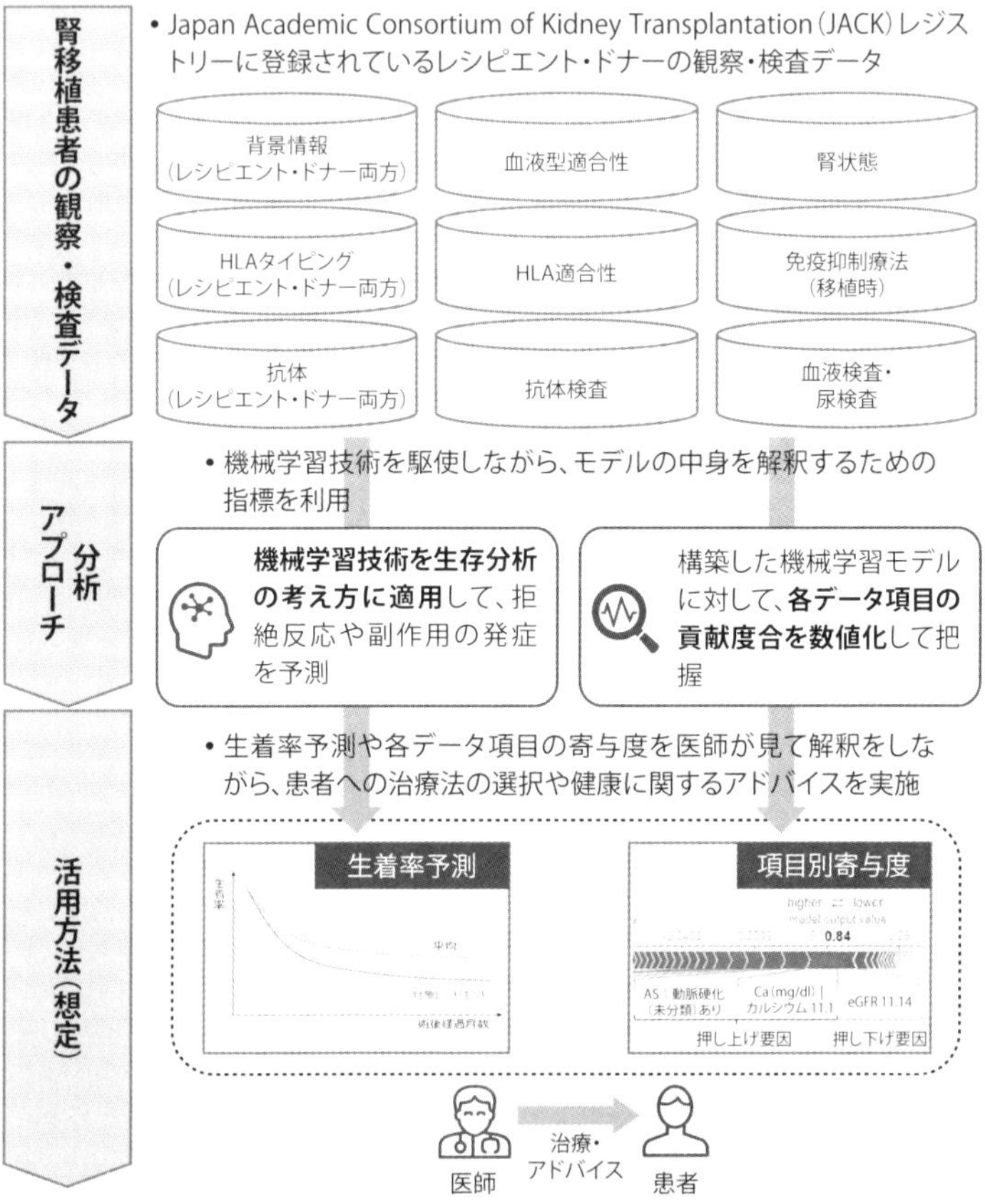

出所：東京女子医科大学との共同研究を基にアクセンチュア作成

反応や副作用発生の予見および有効性の高い治療法の選択に貢献する、実効性かつ透明性の高いＡＩの活用法を検討している（図表1－12）。

観察・検査項目データとしては「腎移植後患者の病状・治療に関する観察研究（Japan Academic Consortium of Kidney Transplantation：ＪＡＣＫ）」のレジストリーに登録されているドナー、レシピエントのデータを活用しており、ＨＬＡ型や、抗体、血液型適合性、ＨＬＡ適合性、抗体検査情報、腎状態、移植時の免疫抑制療法情報、血液・尿検査情報を含む。これらのデータを使って機械学習により移植腎の拒絶反応や副作用の発生予測モデルを構築している。

ただし、予測モデルだけでは学習に取り入れたデータ中のどのパラメータが予測に寄与しているのかがわからず、その予測結果の説明可能性や透明性が高いとはいえない。そこで予測結果に対して各データ項目がどのような貢献をしているかを数値化し可視化するとともに、交絡因子（調査対象の因子以外で結果に影響を与える因子）の検証などを行うことで、透明性の高いＡＩの実現を目指している。

このように、どのデータ項目が寄与してその予測が出力されたのかを医師が参照・確認可能にすることで、これまでの医師の知見や経験などと組み合わせ、患者にとってより効果的な治療法の提示や健康に関するアドバイスを行うことが可能になる。

なお本研究では、文部科学省ならびに厚生労働省が示す「人を対象とする医学系研究に関する倫理指針ガイダンス」[36]に則り、倫理審査委員会の承認を得て実施され匿名化されたデータを基に分析を実施している。また研究対象者は、東京女子医大の窓口にオプトアウトを申し出ることができるなど、倫理上・プライバシー上の不利益が生じないよう配慮されている。

これまで「目的とその影響」「入出力」「アルゴリズム（計算方法）」「データ」におけるリスク、各産業領域においてのＡＩ活用の可能性と考えられるリスクについて説明してきたが、これを企業・組織として統一感をもって管理・運用する必要がある。しかし多くの企業・組織ではなかなかうまくいっていないというのが実情のようだ。

私たちが銀行・保険・キャピタルマーケットの６８３名の金融サービス危機管理エグゼクティブに対して実施した２０１９年のグローバル調査[37]によると、回答者の58％が今後2年間に発生する意図しない結果における最大の潜在的原因としてＡＩを挙げている。そして、組織全体でＡＩ採用に関連するリスクを完全に評価できていると答えたのは、わずか11％に過ぎなかった。

今後ＡＩに関連する企業・組織の社会的な責任はますます大きくなってくるので、「責任あるＡＩ」にしっかり対応できているかどうかは企業・組織の収益性をも左右すると考えられる。「責任あるＡＩ」の検討を含めて最初から適切な手法・体制を導入している企業は、自信を持ってＡＩビジネスを拡張・拡大することができるからである。「責任あるＡＩ」についての対策を講じている企業とそうでない企業を比較した場合、投資収益率で実に約3倍もの差があることがわかっている。[38][39] したがって、「責任あるＡＩ」への取り組みはコストではなく、収益を生むための活動なのだという理解が重要だ。

では、どのように進めればよいのだろうか？　アプローチは大きく分けて、「技術」、「ブランド」、「ガバナンス」、「組織・人材」の4つがあると考えている。

ＡＩのリスクを認識するためにはＡＩを技術的に理解することが必要不可欠である。このことがどのようなリスクがどのように混入しうるのかを具体的に理解する近道になる。ＡＩの開発プロセスを理解すると、ＥＳＧ（環境・社会・ガバナンス）の観点をどのように取り入れればよいのかを理解しやすくなる。これがブランド価値の維持・向上に寄与することになる。

また、ＡＩの管理運用を組織的にかつ効率よく行うためにはガバナンス体制の構築が必要になる。そのガバナンス体制の中には、技術面だけでなく法律や倫理も含めた知識を有する人材の開発、「ＡＩ倫理」について疑義があればいつでも声を上げられる組織文化の醸成など、人材教育や企業風土の改革が必要なこともある。これらのアプローチが一体となったとき、図表1-13に示すような関係が生まれる。

まず「ガバナンス」が「技術」と「組織・人材」両面での倫理的な枠組みとなる。これにより技術面での倫理的な検証の効率化と責任あるＡＩに関する専門性を有する人材の育成、組織

図表1－13 潜在的リスクに備える4つのアプローチ

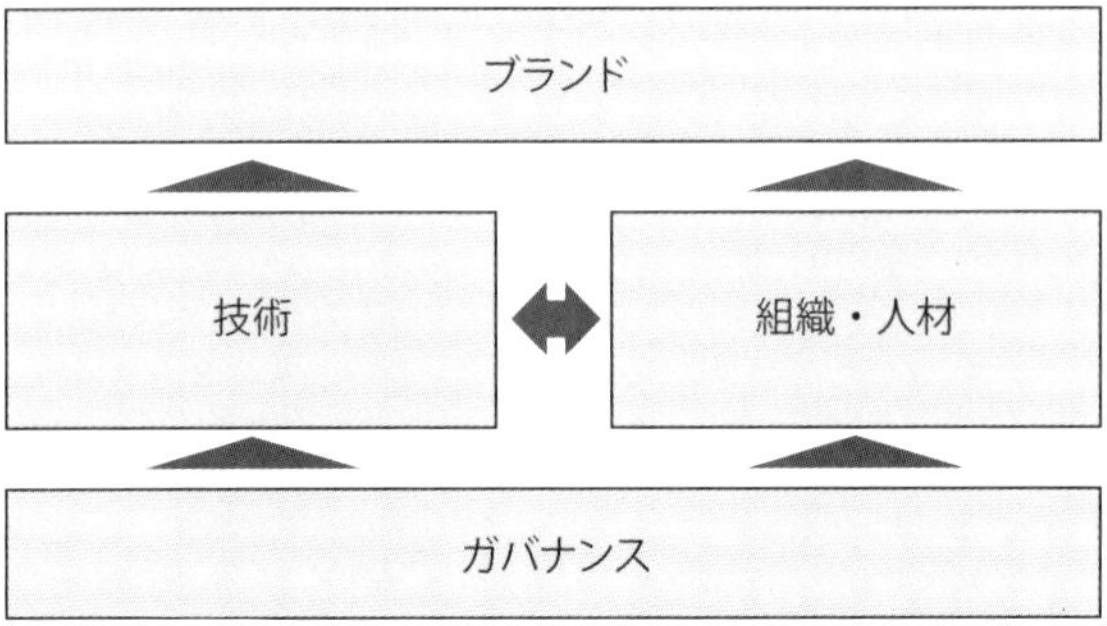

出所：アクセンチュア

文化の醸成が促進される。この「技術」と「組織・人材」が「ブランド」の価値を高めていくための車輪の両輪となる。車輪のどちらが欠けても「責任あるＡＩ」の実現は難しく、したがってＡＩによってブランド価値を向上させていくこともまた困難になるのである。

Ｐａｒｔ２では、ＴＲＵＳＴの原則を踏まえて、企業・組織として求められる４つのアプローチについて詳細を述べていく（図表1－13）。

技術面でのアプローチ

▼企業・組織として技術レベルでＡＩのリスクや影響を判断できることは必須である。具体的には開発または導入するＡＩ技術の説明可能性・解釈可能性であるが、そのためには明確なガイドラインが必要である。

▼技術面からのアプローチについては「Ａｐｐｒｏａｃｈ１：技術のリスクを防ぐアセスメントの方法」で詳細を説明する。

ブランド面でのアプローチ

▼企業に対するＥＳＧへの取り組みを求める声は年々高まっている。この流れは提供されるサービスに対しての透明性・説明性への意識の高まりを意味し、ＡＩ開発におけるデータ収集、ＡＩのアルゴリズム選定、学習、評価など一連の活動に対しても透明性・説明性が求められつつある。そしてこれらバリューチェーンの各工程で、万一倫理的な問題が発生するとブランドを大きく毀損する状況になりかねない。

▼「Ａｐｐｒｏａｃｈ２：ブランド価値を守り、高めるＥＳＧアプローチ」ではＥＳＧに注目したブランド戦略について述べる。

ガバナンス面でのアプローチ

▼これまで述べてきたとおり、デジタル経済が進展した現在、ＡＩを活用した戦略は一部門での先進的な実験にはとどまらず、全社戦略としてとらえるべきものに変容している。したがって企業全体でＡＩのリスク・倫理判断、ＡＩ戦略を実行していくようなガバナンスが求められる。これはＡＩを開発している研究開発部門だけの対応で済む話ではなく、企

業全体としてどのような体制を敷くべきかという話である。

▼「Ａｐｐｒｏａｃｈ３：ガバナンスにおける効果的な『火消し』の方法」ではＡＩガバナンスとして留意すべきポイントやあるべき体制などについて述べる。

組織・人材面でのアプローチ

▼組織的に形だけを作っても魂を入れなければまったく意味をなさない。企業において全従業員がＡＩに関する高い倫理観と問題意識を常に持っている必要があり、ＡＩガバナンスを円滑に回すためには企業文化・風土・意識が必須となる。

▼「Ａｐｐｒｏａｃｈ４：組織・人材に『ＡＩ倫理』を根付かせる」では「ＡＩ倫理」の観点での人財育成、風土改革、意識変革について考えるべきポイントを述べる。

Part 2

「責任あるAI」を実践する 4つのアプローチ

Approach 1

技術のリスクを防ぐアセスメントの方法

Approach 1 のポイント

- 一般的なＡＩ開発プロセスでは、データを人間、機械、あるいはその協働によって準備し、機械学習の実施、試用・実利用での性能評価、パラメータやデータの修正・追加により性能を向上させるというサイクルを回す。
- ＡＩモデルにはサイクルのそれぞれのフェーズで「アルゴリズミック・バイアス」という、いわばＡＩの悪さの元凶が混入する可能性がある。このバイアスによって、信頼性の低い自動判定、利益や機会の損失、特定のユーザー（群）を優遇、恣意的なグループへの当てはめ、などの不公平な結果が生まれてしまう。

●このようなバイアスの混入を未然に検知、対応するための評価方法、すなわちアルゴリズム・アセスメント（AA）には以下の2つの種類の評価が含まれる。

▼定性評価：ステークホルダー間で共通の言葉を用いて評価を実施する。特定の専門家しかわからない用語では広い視点での評価ができなくなってしまう。

▼定量評価：数値で管理できないものは管理できない。AIを管理するためには必ずAIの数値的な評価指標が必要になる。定量評価にはさらに以下の3つの観点がある。

◆データバイアス：データの偏り

◆モデル説明性：特徴量の重要性や入出力の関係性

◆モデルバイアス：品質のレビューや公平性のレポート

●アルゴリズム・アセスメント（AA）をつなぎ合わせ、AI開発とアセスメントとが一体化した活動を推進していくべきである。

AIの開発プロセスとは？

ここではＡＩ開発においてのリスクやその対策について技術的な面から説明を行う。「ＡＩはブラックボックスなので危険である」とはよく聞かれる意見であるが、これは少々乱暴な結論である。ここまで読まれてきた方であれば、ＡＩ開発において使用した「データ」にもリスクがあり、それが意図しない結果を出力することがあることについて理解されていると思う。どんなにホワイトボックス（内部がどのように動作しているのかを外部から把握できる）システムであってもデータにバイアスが存在すれば不平等な出力をすることがあるのである。

ＡＩについてのリスクを正しく認識し、その対策を考えるためにはやはりＡＩの技術面をある程度理解する必要がある。ここではＡＩのリスクや対策について、なるべく学術的な表現を用いずに技術的な理解を深めることを目的としている。

まず初めにＡＩ開発のプロセスから説明しよう。ちなみに本書ではこれまで「ＡＩ」と「機械学習」の2つの概念について区別せずに使ってきた。「ＡＩ」という概念に含まれる技術要素は広範であり特定の技術を指しているわけではないが、ここでは「機械学習の技術を使っている」ことを前提とする。

機械学習とは、与えたデータに基づいて所望の反応をするようにシステムを訓練（内部のパラメータを調整）させることである。この場合、どのような入力値（特徴量）を使うか、どのようにアルゴリズム（計算方法）を設計するかという点が重要になり、性能を大きく左右する。

機械学習にはさまざまな種類があるが、中でも近年のＡＩブームの火付け役になった「深層学習」について、ここで少し触れておきたい。

１９４３年、ニューロンの活動を数学的に単純な形で模倣したモデル、マッカロック・ピッツモデル（McCulloch-Pitts Model）が発表された。１９５８年にフランク・ローゼンブラットがマッカロック・ピッツモデルを多数つなげて多層化すればさまざまな関数が表現できるのではないかと考え発表したモデルが、ニューラルネットワークの概念のもととなるパーセプトロンである。

ニューラルネットワークは多層化すればするほど、より複雑な入出力関係が学習できるはずなので大変期待されたが、実際には学習がうまく進まない現象が発見されブームが去っていった。ところが２００６年にジェフリー・ヒントンがこの課題の解決法を見出した。「ディープラーニング（深層学習）」と呼ばれるこの手法がＡＩ研究のブレイクスルーとなったのである。

例えば、「猫」の画像を入れると「ネコ」、「犬」の画像を入れると「イヌ」と反応するシステム（イヌネコ分類器）を作るにはどうすればよいか？　猫の猫らしさ、犬の犬らしさ、犬と猫の特徴の差をルール化できればそのようなイヌネコ分類器は作れそうであるが、世界中に存在するさまざまな種類の犬と猫の特徴を網羅し、それらに共通の特徴をルール化するのは考えただけでも気が遠くなりそうである。

また人間の子どももそうやって厳密なイヌネコ分類ルールを作っているわけでもなさそうだ。親と一緒にテレビや写真、実物を見ながら、「これは犬」「これは猫」という具合に多数のサンプルに触れて学習していく。そしてその脳の中には「犬」や「猫」のパターンに反応する複雑なネットワークが形成されていくのだ。

深層学習もそれに似ており、イヌネコ分類器であれば「イヌ」として多数の犬画像を、「ネコ」として多数の猫画像を用意し、システムにそれらを入力して判断させる。初期状態では当然間違いも多いが、間違いを犯した場合には正解に近づくように内部のパラメータを調整する。

こうしてサンプルの入力、性能評価、内部パラメータ調整を、しかるべき性能が実現できるまで繰り返すのである。深層学習においては多数の層でネットワークが形成されているが、中間の各層では（言語化するのは難しいが）入力に存在する特徴パターンをそれぞれとらえていることが確認されている。これらの特徴パターンは人間があらかじめ設計したものではなく学習の過程で内部で自動的に獲得されたものだ。

深層学習により構築されたイヌネコ分類器は、厳密ルール版と何が違うのだろうか？　一番の利点はシステムの頑健性、すなわち猫っぽい犬や犬っぽい猫が入力された場合にも正しく分類できる可能性がある（汎化性能が高い）点である。したがってこれまでよりも高度な分類が可能なのである。

ＡＩには機械学習を含むさまざまな技術が含まれており、深層学習はその中の一技術である。したがって、ＡＩ＝（イコール）深層学習ではなく、また、機械学習＝（イコール）深層学習、ではない。本書でも「責任あるＡＩ」を考えるにあたって、特に深層学習であるかどうかについては、それに限定するものではないので、その旨留意されたい。

さて、機械学習プロセスの一連の流れは、前述のような画像分類の他、音声認識、文章分類、計測値からの異常診断、健康診断の結果からの疾病リスク判断、与信限度額判定、交通量予測、売り上げ予測、ロボット制御などなど、多数の事例でも同様である。

したがってＡＩ開発のプロセスとは、この一連の機械学習プロセスを含んだものになるが、「機械学習プロセス」という場合にはデータからの「訓練」と「評価」にフォーカスがあたっている場合が多い。本書では、これに加え、「データ」をどのように準備するかという段階まで含め、「データレポジトリ」、「学習アルゴリズムやモデルでの訓練」「モデル評価」の３つのプロセスがあると定義する（図表２－１）。

●データレポジトリ：データレポジトリでは機械学習に用いるデータを準備する。データは社内に存在することもあれば社外のデータを活用する場合もある。社外のデータとしては各国政府・機関が公開している統計データや研究利用・商用利用可能な画像・言語資源データな

図表2-1　一般的なAI開発プロセス

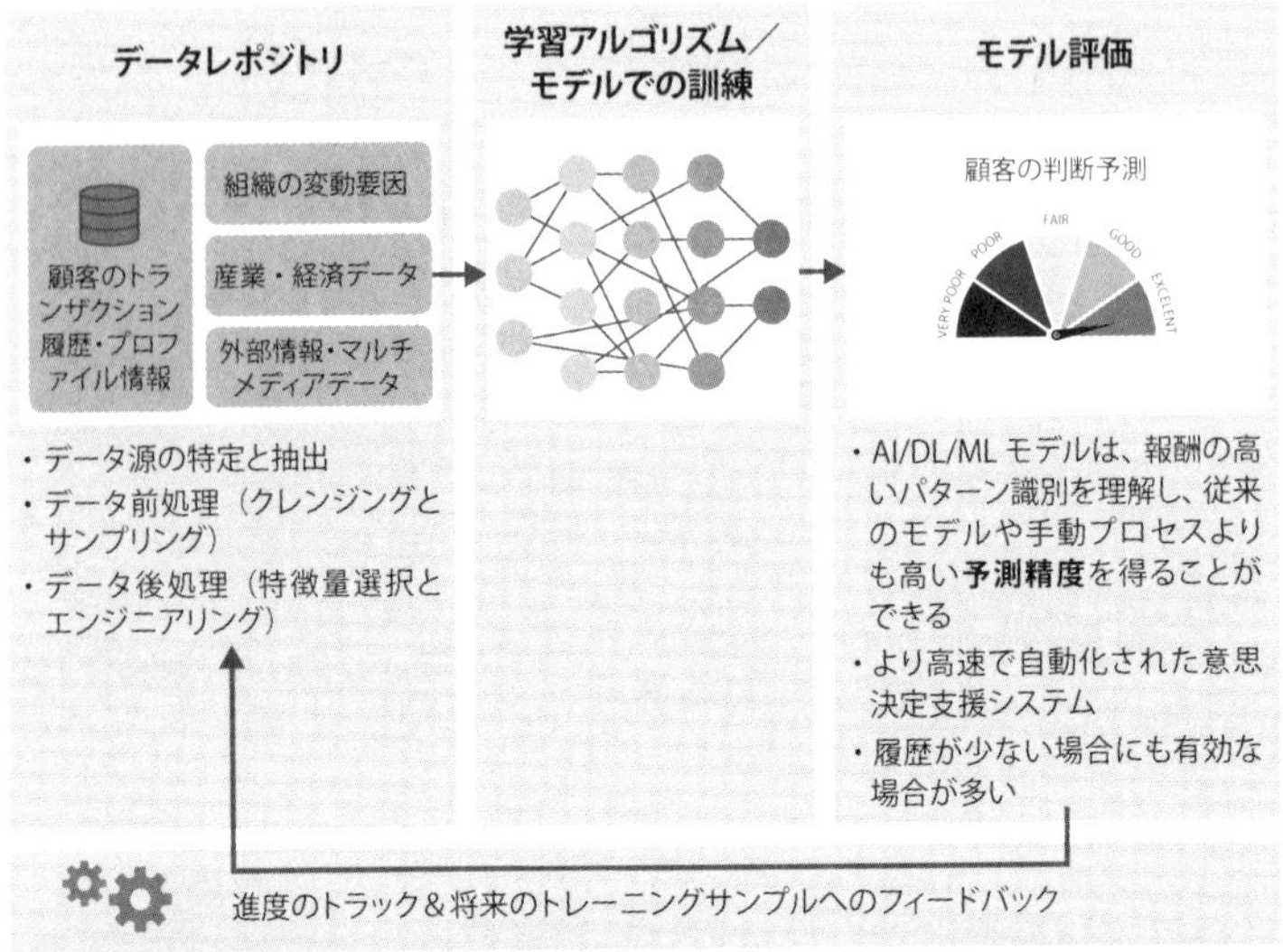

トレーニングデータは人間が作成する。さらに、データ処理からモデル学習パラメータ、結果の解釈に至るまで、モデル開発のあらゆる段階で人間の意思決定が関与する。適切に検証されていない場合、モデルは履歴からバイアスを学習（または増幅）したり、新たな問題を発生しうる。

出所：アクセンチュア

どがある。また近年ＡＩへの応用から期待されているデータが「オルタナティブデータ」である。投資家からも注目されているこのオルタナティブデータとは、政府や企業が公表している大局的な統計データ（トラディショナルデータ）に対して、より粒度が細かい大規模データのことであり、調査サイトAlternativeData.org（オルタナティブデータ・ドット・オルグ）によると投資家のオルタナティブデータ購入金額は２０２０年には約17億ドルと推定され、２０１７年に比べ４倍超に膨らむ見通しとされている。

オルタナティブデータには、以下のようなデータがある。

▼**ＧＰＳデータ：**ＧＰＳで取得した位置情報データ。人々の密集度を算出し混雑度を判断するなどの目的で使われることが多く、人の流れを可視化することで、店舗出店・閉店計画の立案、渋滞の予測などに利用できる。記憶に新しいところでは新型コロナウイルス感染症対策として発出された緊急事態宣言下の日本において、都市部の人口密集地域がどの程度密集度が減少したかの判断に使われている。

▼**衛星画像データ：**衛星画像を利用して経済状況などを予測する取り組みも多い。夜間の衛星画像にとらえられる都市部などの光量から経済活動を予測したり、空き地や駐車場などから都市やビル建築などの計画立案、災害発生地域の予測、電力などのインフラ整備の計画立案に活かしたりなど応用範囲は広い。Bryce Space and Technologyが出している

２０２０年のレポート“Smallsats by the Numbers 2020”[40]によると、重量６００kg以下の超小型衛星の打ち上げは２０１７年から急増、２０１９年には３８９基の打ち上げがあり、その６割は２００kg以下の衛星であった。さらに２０１２年の商用超小型衛星の割合は６％であったが、２０１９年には超小型衛星の62％が商用とされ、衛星１基あたりの製造コストや打ち上げ低減により宇宙ビジネスは活況を呈している。これに伴って衛星を使ったデータビジネスは今後も進む可能性があり、オルタナティブデータとして注目されている。

▼POS（Point of Sales）データ：小売店のレジなどで記録される商品の販売データ。商品の販売情報だけでなく購入日時、購買者の年齢層や性別といった属性もデータとして記録しているケースも多く、商品売り上げ状況の把握だけでなく、どのような時間帯でどのような年齢層にクーポンを配布すると購入確率が上がるかなどの予測を使って、マーケティング戦略の最適化の目的で使われている。また商品開発の参考にする場合もある。

▼SNSデータ：ツイッターやインスタグラム、フェイスブックなどの投稿内容やユーザーの反応、掲示板や口コミサイトなどから抽出した投稿文などのデータである。ユーザー、消費者の生の声・反応を調べるうえで注目されている。

データレポジトリではこれらの社内外の情報源からのデータの抽出、データの結合・分割、データのクレンジング（欠損値を内挿、外挿、またはデータごと削除する）、サンプリング（大規模データから使用するデータのピックアップ）、特徴量の選択（どういったデータを使って、あるいは加工して機械学習をするか）などの処理を行う。

●**学習アルゴリズムやモデルでの訓練**：目的に合わせた最適なアルゴリズムを選択し、データレポジトリで用意したデータを使ってＡＩの訓練を行う。複数のモデル（訓練によって得られている機械学習の結果。別途事前に得られている場合もある）から適したものを選択したり、各モデルを再学習（新たなデータを追加して学習をし直す）、再調整（チューニング）したりする場合もある。ここはまさにＡＩ技術者の腕の見せどころであり、世界各国で熱心に研究が進められているのもまさにこの領域である。

●**モデル評価**：訓練したＡＩのモデルを評価する。「責任あるＡＩ」において、ここでの「評価」は単純な精度評価にはとどまらない。社会的な影響も加味したうえで評価を行わなければならず、そのためには明確なガイドライン策定が必要となる。本書でもどのようなガイドラインが必要になるかについて説明する。

以上、ＡＩ開発プロセスの３つの工程のいずれにおいても人間が関与していることに留意しなければならない。データを選別したり、訓練用のデータを作成したり（例えば画像データに正解のタグを付与するなど）、データの前処理の方針を決めたり（例えば医療データから人種のデータを除く、与信データから性別を抜くなどを行うとどうなったのかを考えてほしい）、機械学習のアルゴリズムを決めたり、評価を行ったりのいずれにおいても人間の判断が不可欠であり、そこにはバイアス混入のリスクが潜んでいることを常に意識しなければならないのである。

AIの開発プロセスで忍び寄るリスク

さてここで、ＡＩ開発プロセスを踏まえながらＡＩモデルにどのような問題が起こりえるのかを見ていこう。

ＡＩモデルに起こり得る問題には、以下のような種類がある（図表2-2）。

●データのバイアス：データに存在するバイアスが問題になるもの

▼社会的偏見：ＡＩの訓練に使用されるデータに入り込んでしまう既存の社会的バイアス。人種、性別、職業など社会的に存在しているギャップがデータの中にバイアスとして入り込んでしまう。これまで述べたように、黒人が白人よりも健康問題のコストが低く見積もられてしまった問題や、女性が男性よりも与信限度額が小さく見積もられてしまうような事例がこの社会的偏見によるデータバイアスである。

図表2-2　AI開発プロセスで発生するバイアスリスク

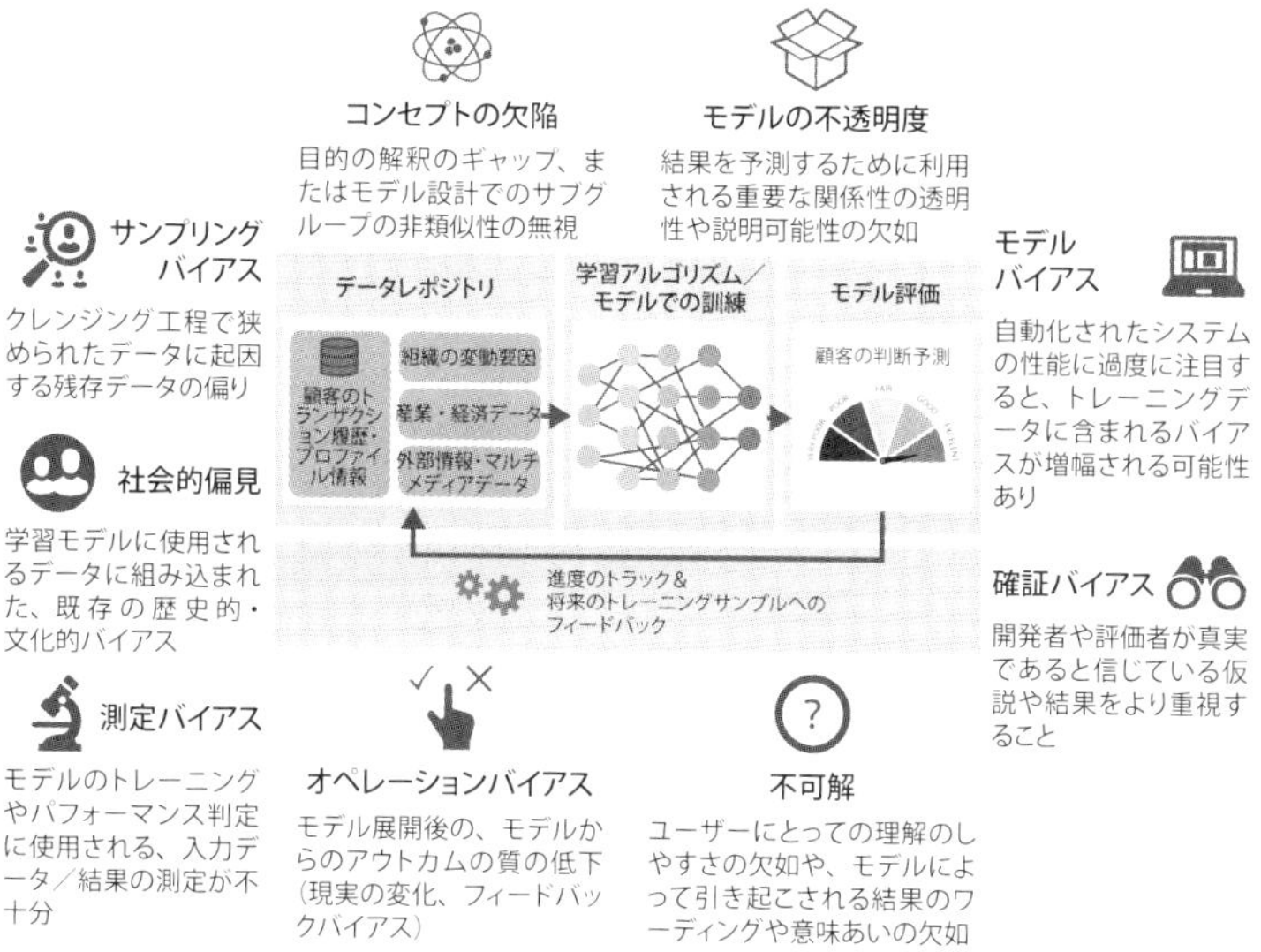

出所：アクセンチュア

▼**サンプリングバイアス**：データの取得時あるいはクレンジング工程において取捨選択されたデータに入り込んでしまうバイアス。大量にデータがある場合には一部のデータを取り出して（サンプリングして）利用する場合がある。このとき、どのようにサンプリングするかというのが非常に重要になる。ある人が、「スープの味を知るには鍋全部を味見する必要はない。スプーン一杯でよい」と言っていたが、サンプリングとはこの「スプーン一杯」をどのようにとるのかということになる。スープの味を知りたいのだから、スプーンですくったスープの味が鍋全体の味

と一致するようにすくわなければならない。

データのサンプリングにおいてもまったく同じことである。サンプリングに偏りがあるとそれを使って訓練したＡＩも当然偏った結論を出してしまう。データ取得時に混入するバイアスの例として興味深い例は、２０１６年の米国大統領選挙で民主党ヒラリー・クリントン候補優勢との選挙予測はなぜ外れたのか、という事例だ。米世論調査協会（ＡＡＰＯＲ）がその原因について後に報告しているが、原因の一つは大卒白人有権者で民主党支持が増える一方、大卒未満の白人有権者の間では共和党支持が増えているという傾向を加味しなかったからだという意見があった。高学歴者は世論調査に応じる可能性が低学歴者と比べて著しく高く、そのため民主党支持が実際以上に強く統計に表れてしまったと同協会は報告している。

また、物理学者で科学ジャーナリストでもあるデヴィッド・ロバート・グライムス氏の著書『まどわされない思考――非論理的な社会を批判的思考で生き抜くために[41]』には第２次世界大戦におけるサンプリングバイアスの興味深い例が記載されている。

海軍分析センター（ＣＮＡ）が戦闘機の弱点を特定することを目的として帰還した穴だらけの機体を調査した。被弾した機体から得られたデータを基に被害状況をマッピングしてみたところ、エンジンやコックピットでは大きな損傷が見られなかった。そこで技術者たちはコックピット以外の部分を強化することに決定したという。実際はエンジンやコックピットにダメージを受けた機体は墜落してしまい十分なデータが集まらなかったというのが真相だ。

　このようなバイアスは「**生存者バイアス**」とも呼ばれているが、たまたま入手できた、あるいは入手しやすいデータを過度に信用してしまうバイアスであり、サンプリングバイアスの一種とみなせるだろう。

　このようにデータのサンプリング方法にそもそもバイアスが入り込むリスクがあることにも注意しなければならない。

▼**オペレーションバイアス：**ＡＩを実運用していく中で、徐々にモデルからの出力の質が低下していくこと。ＡＩを訓練した段階と現在の段階とでデータに差が出てきた場合にこのようなオペレーション時のバイアスが生じる。また最近では、ユーザーや環境からのフィードバックを新たに訓練データに追加し学習をし直したり（再学習）、既存モデルのチューニングを行ったり、フィードバックを使ってＡＩの挙動を改善（強化学習）する取り組みも多い。こういったフィードバックによって混入するバイアス、フィードバックバイアスもオペレーションバイアスの一種である。マイクロソフトの対話型ＡＩ、Ｔａｙが人種差別主義者になってしまった例を紹介したが、これもオペレーションの中で追加で学習していった結果バイアスを生じてしまった典型的な事例である。

●モデルの説明可能性・解釈可能性：モデルにおける説明可能性・解釈可能性が低いあるいは存在しないことにより問題になるもの

▼モデルの不透明度：ある入力に対してどのような出力がなされるかという、入力と出力の間の関係性においては、透明性や説明可能性が求められる。この場合には、内部で用いられているアルゴリズムとともに、入力されたパラメータ（特徴量）の中で結果の推定に寄与するものが何かを明らかにすることが求められるが、それが困難である場合はモデルの透明性が低いといえる。逆に透明性の高いシステムであれば、結果が悪かった場合に入力パラメータのどれがよくなかったのか、その値がどうなればよいのか、そのためにアルゴリズムをどのように改善すればよいのか、などの対策を検討することができる。

これは先に述べた腎移植の予後予測モデルを例に取ると、単に拒絶反応の確率を出すだけでなく、どの検査項目がどの程度寄与しているのかを明らかにし、臨床現場での医師の知見も組み合わせることで、アルゴリズムの改善につなげることが可能となる。

▼不可解：ＡＩの内部でどのようなアルゴリズムが使われているのかは不明だが、そのＡＩの出力する結果がユーザーにとって理解しがたい（解釈可能性が低い）場合がこれに相当する。企業活動においてＡＩを活用する場合に、「どのような結果を出力するのか予測もつかない」というＡＩを採用することはあり得ないと思われるかもしれないが、ＰｏＣ（概念検証）により「なぜだかわからないが精度よく所望の現象（不良など）を検知するＡＩ」というの

が生き残ってしまったりするので注意が必要だ。たとえ大抵の場合で性能がよいＡＩだとしても、どのような場合で性能がよく、どのような場合で悪化するのかがわからないのであれば、結局人間にとって不可解ということになる。

ちなみに余談だが、「不可解」ということがメリットを生む場合がまれにだが存在する。２０１６年３月に行われたグーグルのAlphaGoと囲碁の韓国チャンピオン、イ・セドル氏との対決である。その対局のなかでAlphaGoの指した手が人間には定石を外れた奇妙な手だったので、ＡＩが誤判断をしたのだろうと思われていたが、実際にはこれまで誰も考えたことのなかった妙手だったという。人知を超越した場面に遭遇すると人間は得てして自分が見ているものが間違っている（自分の方が正しい）と思ってしまいがちだが、ＡＩがこれまでになかった可能性を提示することもあるのである。このようにゲームなど限定的な状況あるいはエンターテインメント領域などにおいては不可解が許容されることもある。

●モデルのバイアス：ＡＩの出力に対してバイアスが問題になるもの

▼測定バイアス：ＡＩの訓練や性能判定に使用される、入力データ／結果の測定が不十分である場合に紛れ込むバイアス。例えばＡＩによる人物認識を取り上げよう。ここでは駅に設置したカメラ映像からＡＩで人物・行動を認識し、危険人物と推定されたら警告を発するシステムを想定する。危険人物は「１万人に一人」と仮定する。ちなみにジェイアール

東日本企画によると２０１８年度の１日平均乗車人員は池袋駅約57万人（２位）、東京駅約47万人[42]（３位）とのことなのでこの２駅で約１００万人の利用者ということになる。従ってこの２駅について考えると１日あたり１００人の危険人物がいると仮定できる（あくまで仮定の話である）。

さて、ここであるＡＩ危険人物検出システムの「性能」は「99％」だと言われたとする。注意したいのはここで言われた「性能」とは何を指しているのかを正しく認識する必要があるということだ。ここではこのシステムにより危険人物の99％を特定でき、１％は誤検知してしまう可能性があると判明したとしよう。すると次のようなシステムであることがわかる。

まずこのシステムでは１００人の危険人物のうち99人が検出できる。一方、１００万人中で「危険ではない」人物は99万９９００人だが１％はシステムで誤判定されることになるので、９９９９人が「危険人物だと間違われてしまう」人数となる。したがって、「危険人物」と判定される人数は99＋９９９９＝１００９８人、その中の99人が実際の危険人物なので、99／１００９８≒０・００９８。

すなわちシステムで危険人物として判定された人物が実際に危険である確率は約１％ということになる。ここまでわかれば「これでは誤報が多く、実用には適さないだろう」との判断ができる。

この例が示しているとおり、ＡＩの性能判定を行う際には、データにおける事前確率（この例の場合は危険人物が1万人に一人という情報）が重要となる場合があることに留意する必要がある。また99％の「性能」があると言われても、実際には偽陽性の比率（この場合危険人物ではないのに危険人物だと判定されてしまった9999人）にも着目しないとパフォーマンスを正しく評価できないという点にも気を付けたい。「性能」とは何を指しての値なのかを意識し、場合によっては複数の指標で評価することも重要なのである。これについては後述の混同行列（Confusion Matrix）についての説明でも触れる。

▼**確証バイアス：**開発者や評価者が真実であると信じている仮説や結果をより重視することにより紛れ込んでしまうバイアスのことである。人間は無意識に自分にとって都合のよい情報を優先し、そうでない情報を軽視する傾向がある。閉鎖的なコミュニティ、人間間のネットワークの中で特定の意見が増強されてしまう現象、「エコーチェンバー」の話をしたが、この現象も確証バイアスという認知バイアスが影響している。そしてこの確証バイアスはＡＩ開発にも忍び込む危険があるのだ。

例えば気象情報によって来店者数を予測するＡＩを考えてみよう。ＡＩ開発者は当然、実際の気象データを入力、店舗での来店者数を出力とする訓練データを使ってＡＩを構築しようとするだろう。どのくらいの粒度（時間間隔）のデータにするとよいのか、どのくらいの範囲の気象データが有効なのか（都道府県レベル、市町村レベル、それ以下の細かいエリアレベル）、何日前あるいは何時間前からの予測が可能なのか、などなどＡＩ開発において考えるべき技術要素は多い。一方評価者の方も、「気象データから来店数を予測するＡＩ」ということなので、気象データからいかに精度よく来店者数が予測できたのかについて評価する。

すなわち、開発者も評価者も「気象データは来店者数に影響する」という前提の下でデータを集め検証し、精度が悪かった場合には「気象データの粒度が粗かった（もっと細かくしなければ）」、「来店者の居住エリアと気象予報エリアが一致していなかった」、「数日前の予測は難しいが前日ならば精度がよい」といった結論を出しがちになる。そしてこれは自分にとって都合のよいデータを集めて検証を進めてしまうという危険を伴うことになるのである。言ってみればＡＩ開発者・評価者内でのエコーチェンバー現象ともいえる。ひょっとして気象以外の要因が来店者数に影響しているかもしれない、という自分にとって不都合な真実こそ公平なＡＩを開発する近道になりえるのである。

▼モデルバイアス：学習データに含まれるバイアスがモデル構築の過程で増幅されることがある。バイアス増幅（bias amplification）と呼ばれるこの現象の一つにクラス不均衡問題（class imbalance problem）がある。ここではわかりやすく、以前に使った例である「画像からのイヌネコ分類器（入力画像が「イヌ」クラスか「ネコ」クラスかを判別する）」で考えてみる。機械学習では誤って分類するリスクを最小化するように学習が進められる。もしも訓練デ

ータ中の犬画像（「イヌ」クラス）と猫画像（「ネコ」クラス）の数に大きな差があり犬画像が極端に多いとすると、機械学習により「ネコ」クラスよりも「イヌ」クラスの方が判定精度が高い分類器になる。

　これは直観的にもわかりやすいバイアス増幅の例であるが、近年の研究によると、このように明らかに大きなデータの差異でなくとも訓練データ中に存在する中程度の予測性をもつ「弱い」特徴量の重要性が、機械学習における再帰的なアルゴリズムを通して過大評価されることにより、同様のバイアス増幅が発生することがあると示されている[43]。構築したＡＩが高い精度であったとしても、それがバイアス増幅によるものである場合には、それにより一部のグループの人々の優遇や機会損失、差別の助長につながることがあるので注意が必要である。

▼コンセプトの欠陥：ＡＩへの入力パラメータに対してサブグループを構成することができる場合、そのグループ間の差異を無視したＡＩモデルでは問題が発生する可能性がある。

　例えば、警察権行使においてＡＩを活用する動きがあるが、その一つとして犯罪予測がある。この場合、警察が保有している逮捕記録のデータをＡＩに学習させ、どのような地域のどのような時間帯で犯罪が多いのかを予測するというものである。このＡＩを使えば警官によるパトロールを効率化することができ、犯罪の抑制にも効果があるとされる。

　ところがこの逮捕記録には人種間で差があることが指摘されている。同じような行動をとっていたとしても黒人が逮捕されることが白人よりも多いのだ。したがって実際には犯罪発生の可能性が低かったとしても、黒人が多く住む地域が危険地域として予測されやすくなるのである。

その予測に基づいてパトロールが増やされた結果、先述の警官によるバイアスの影響と掛け合わされてその地域の逮捕記録が増え、その逮捕記録を学習したＡＩはよりその地域を危険地域と予測しやすくなり……、という悪循環、すなわち負のフィードバックループが生まれてしまう。

犯罪発生率を下げるという目的をどのように解釈したのか、犯罪の「発生を予測する」というコンセプトはそもそも正しかったのか、という問いがわれわれに投げかけられているのだ。

また、逮捕記録には人種や収入によるサブグループが存在するにもかかわらず、それを無視して犯罪予測を行うというコンセプトにも欠陥があると考えられるのである。

リスクを表面化させるアルゴリズム・アセスメント（ＡＡ）とは？

「責任あるＡＩ」を企業、組織で開発・運用していくためには具体的なガイドライン、特にアセスメント（対象に対する調査および評価）におけるガイドラインがまず必要である。ここではこ

図表2–3　アルゴリズム・アセスメント（AA）の実施サイクル

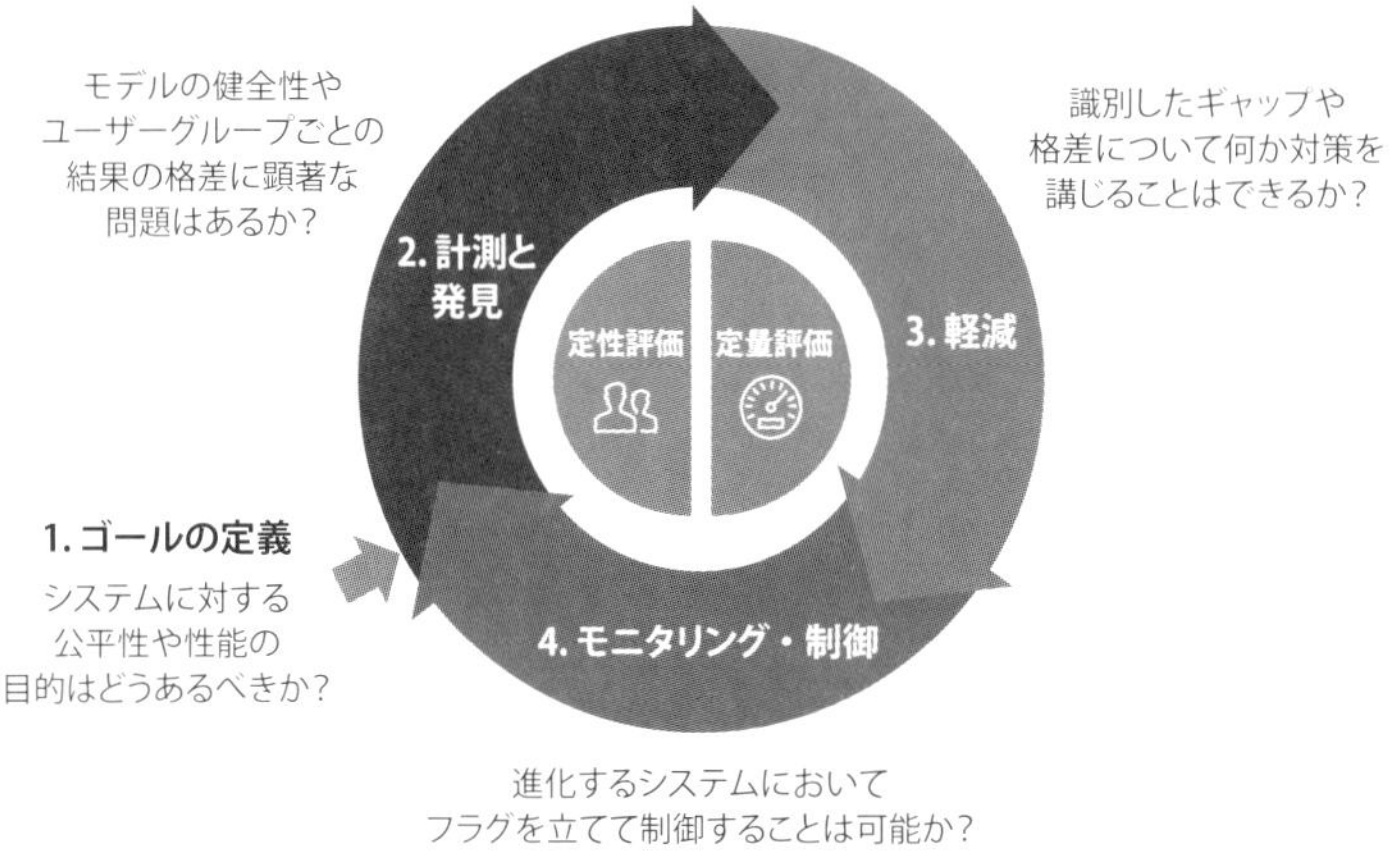

出所：アクセンチュア

のアセスメントのガイドライン、**アルゴリズム・アセスメント**（ＡＡ）について説明する（図表２－３）。

ＡＡの目標は、意図しない結果についてＡＩシステムの潜在的なリスクを表面化させ、改善策を提案することであり、意思決定の質を可能な限り維持するとともにＡＩシステムのＴＲＵＳＴ（Trustworthy, Reliable, Understandable, Secure, Teachable）を確立することである。

ＡＡはさまざまなステークホルダーにおいてのＡＩ評価を支援するために設計された手法であり、大きく分けて定性評価と定量評価の２つがある。

定性評価

▼インタビューやワークショップの実施を

通して、検討中のＡＩシステムのユースケースに対する透明性・公平性という観点で、各分野の多様なステークホルダーの意見と整合をとることを目的とした評価。

▼インタビューでは以下の観点が必要である。

◆**ユースケースの概念**：ユースケース（利用例）の前提となる問題や目的は、何らかの形で本質的に不平等を内包しているか？　期待される利益はリスクを大幅に上回るものか？

◆**倫理原則との整合性**：ユースケースで意図した目的は、組織の倫理、ＴＲＵＳＴ原則に整合しているか？

◆**コミュニケーション**：目的、利益、リスク認識が、すべてのステークホルダーで整合が取れているか？　ＡＩシステムをどのように利用するのか／もしくは利用しないのか、ステークホルダー間で認識が合っているか？

◆**状況とデザイン**：ユースケースは効果的か？　果たしてそのとおりになるか？　技術的なアプローチは公平か？　技術的に置いている仮説はあるか？　どのようなリスクが想定されるか？

◆**インプット**：使用するデータは適切か？　データの内容について理解し、その理解について文書化されているか？

◆**プロセス**：モデルは効果的で精度が高いか？　モデルの振る舞いについて理解され、その振る舞いは公平か？　モデルは解釈可能で説明可能か？　ツールを取り巻く環境が、バイアスの発生源となる可能性はないか？

◆**成果**：システムの利用状況は十分にモニターおよび計測されているか？　関連する結果を再検証し、変更することは可能か？

▼ＡＩの開発・運用を行うにあたって目標とする性能や公平性を決める必要があるが、それらは分野を跨るステークホルダー間でコンセンサスが得られていなければならない。ワークショップなどの開催を通してそうしたコンセンサスを形成する。性能のゴールとしてはどのような評価指標を重視するのかを決める必要がある。ＡＩの直接的な精度（ＡＩで判定したものがどのくらい正しかったか）を重視するのか、あるいはカバレッジ（ＡＩでどのくらいの領域をカバーできているか）を重視するのか、効果（利益の最大化やコスト最小化など）を重視するのかなどを決める。

公平性の目標については特定の集団グループに対して現れている差異が適切でないと思われる場合や、恣意的に優遇されていると思われる場合、倫理的な問題が生じる可能性がある。そのようなグループの識別に役立つ入力データの属性を**センシティブ属性**と呼ぶ。センシティブ属性には法的な保護対象となっている場合（性別、年齢、障害、人種、信仰など）や地域固有の属性（階級、民族、国籍）、アプリ固有の属性（健康状態、心理状態など）がある。公平性の目標としてはセンシティブ属性が異なる集団を跨る公平性、またはセンシティブ属性が異なる集団間での性能の等価性に留意しなければならない。

図表2-4　定量評価

AI開発プロセスを横断した、**バイアス特定**のために運用されている**評価・説明方法**のこと。

AIシステムの仕様によって、特定システムに対する**方法**を選択可能。

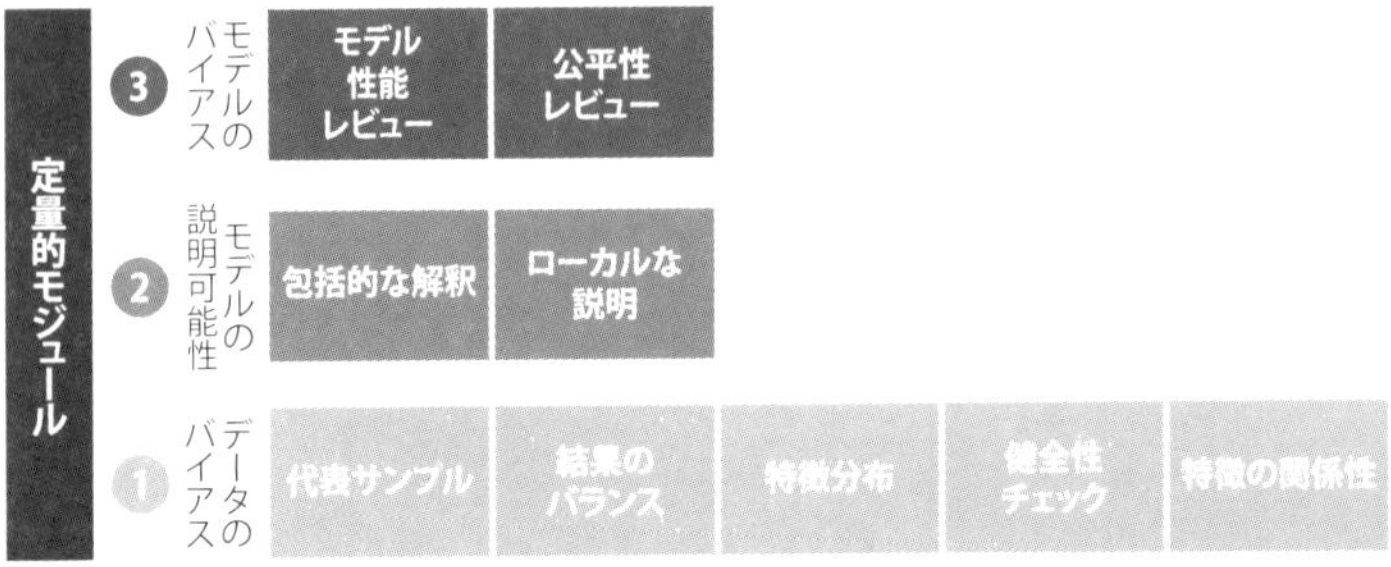

出所：アクセンチュア

定量評価

▼AI開発プロセス全体でのバイアス特定のためには定量的かつ明快な評価方法が必須であり、前述の「**データのバイアス**」、「**モデルの説明可能性**」、「**モデルのバイアス**」の各観点での評価が必要である（図表2－4）。

▼**データのバイアス**：以下のようなデータに関するアセスメントを通してデータのバイアスを検証する。

◆代表サンプル・結果のバランス：サンプリングしたデータのセンシティブ属性（例えば性別など）に着目する。サンプルの構成比率は母集団における構成比率を反映したものだろうか？　著しく偏りがあるサンプリングになっていないだろうか？　また、サブグループ間での結果の差異は現実を反映し、許容可能となっている

図表2-5　センシティブ属性が異なるサブグループ間での偏りの例

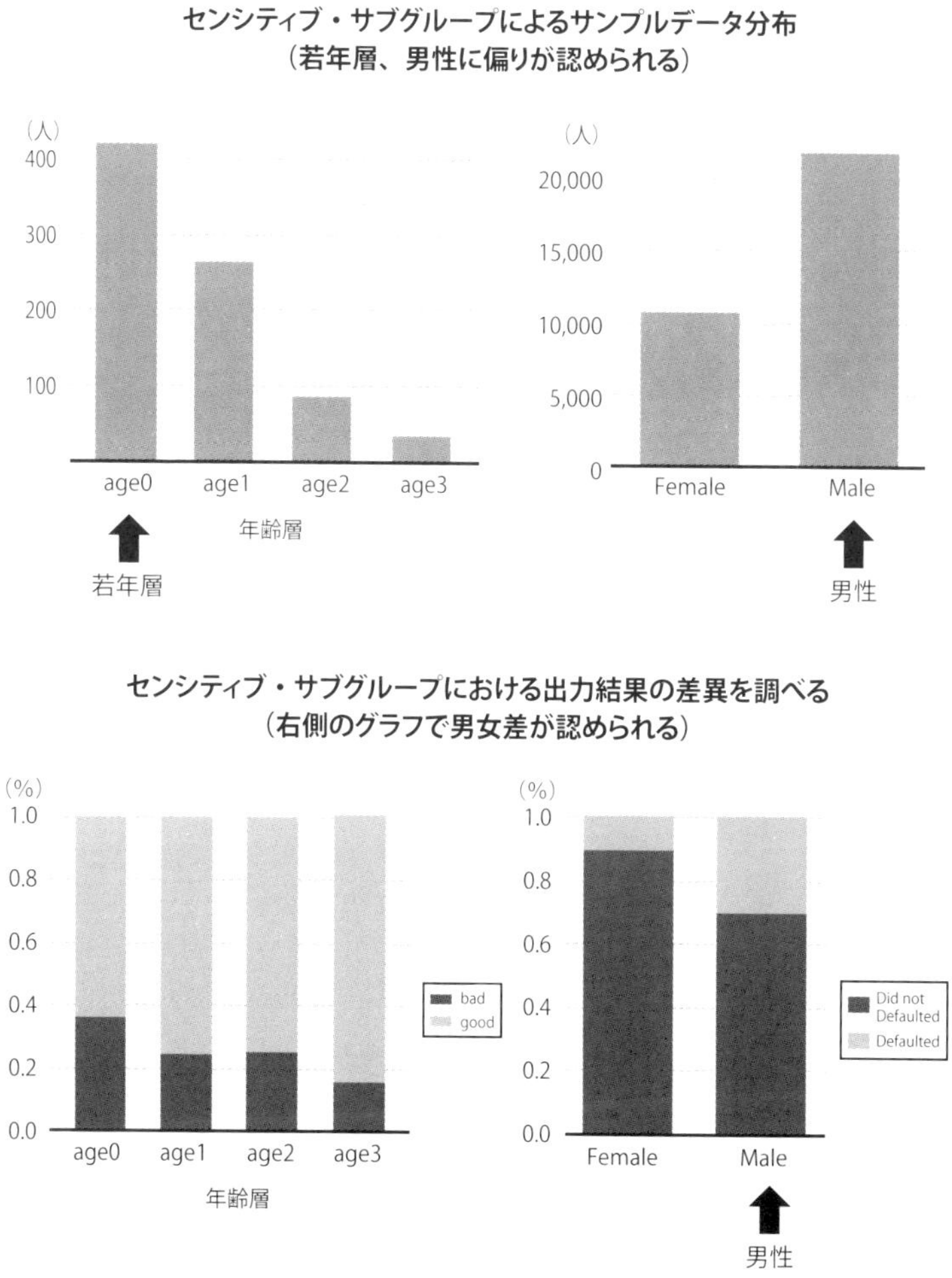

出所：アクセンチュア

か？（図表2−5）

◆特徴分布：センシティブ属性が異なるサブグループ（例えば男性グループと女性グループ）と各サブグループに対するＡＩの結果とを組み合わせ、それぞれにおいて特徴分布がどのようになっているかを確認する。特徴分布に不自然な偏りはないか？

◆健全性チェック：欠損値や外れ値をもつデータを除外したことにより、サブグループ間で偏りが生じていないか？

・ＡＩの訓練に用いるデータには欠損値や外れ値が含まれる場合がある。学習による精度を向上させるためにはこういった値を含むデータを除去したり補完する操作（クレンジング）が一般的に行われる。しかし特定の条件下において欠損値や外れ値が発生する場合には、それらを操作したことによりデータ全体で偏りが発生してしまう可能性がある。したがって操作後のデータに対しても偏りがないことを確認しなければならない（図表2−6）。

◆特徴の関係性：すべての特徴量を調べ、センシティブ属性の値を予測することが可能か？　またセンシティブ属性の値と他のすべての特徴量との関連性を評価することで、センシティブ属性の潜在的な代替を特定できるか？（図表2−7）

・全特徴量の組み合わせにおける相関分析（2つのデータ間の関係の強さを相関係数という数値を使って分析すること）等を通して、特徴量の間にどのような関係があるかを調べる。

図表2-6　欠損値、外れ値、ドロップアウト（脱落）レビューの例

欠損値レビュー

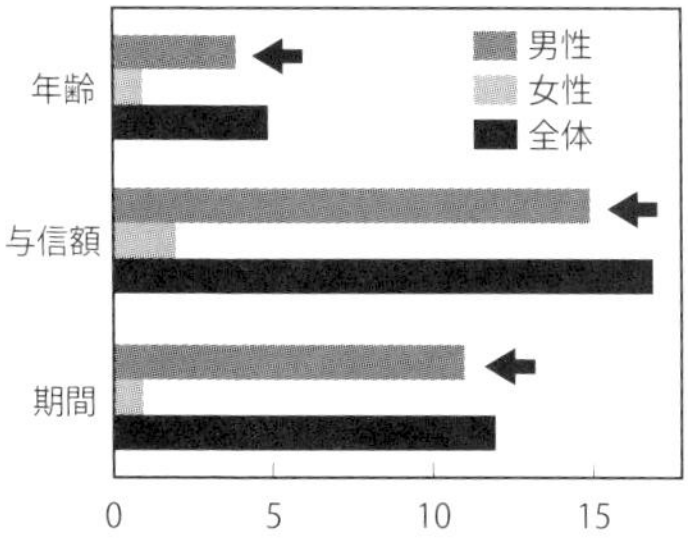

観察結果：特徴全体で捉えた場合、欠損値の大部分は、男性（矢印）に見られる。

外れ値レビュー

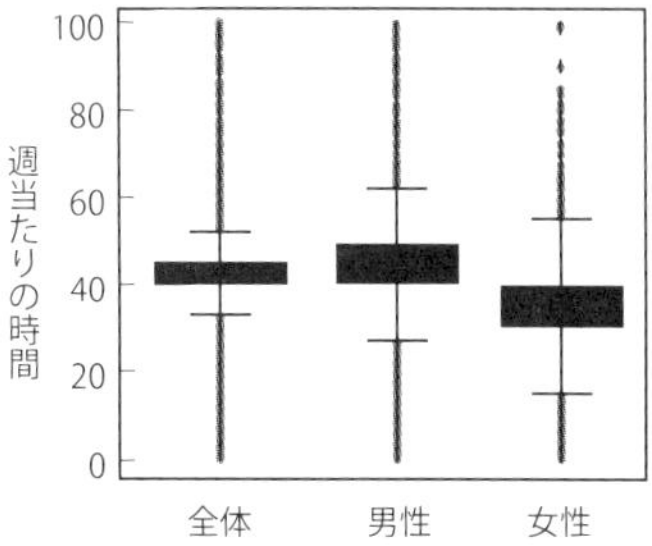

観察結果：男性の週当たりの平均時間は、女性よりも高いことがわかる。一方、週当たりの時間数は、男性の方に多くの外れ値があることがわかる。

ドロップアウト（脱落）・レビュー

クレンジング方法	影響のあるレコード数 全体	影響のあるレコード数 女性	影響のあるレコード数 男性
30%以上の欠損値フィールドを持つレコードを脱落	1000	700	300
残りは、平均値で欠損値フィールドを補う	430	330	100
……			

観察結果：欠落した特徴を持つレコードに対し、データ・クレンジングした結果、信用できる女性の集団がドロップアウトしてしまった。

出所：アクセンチュア

図表2-7 特徴量間の関係性の分析例

ペア・プロット

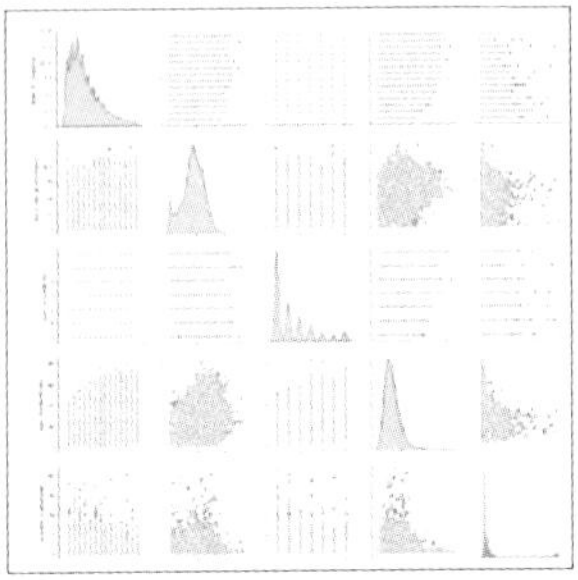

関連性分析

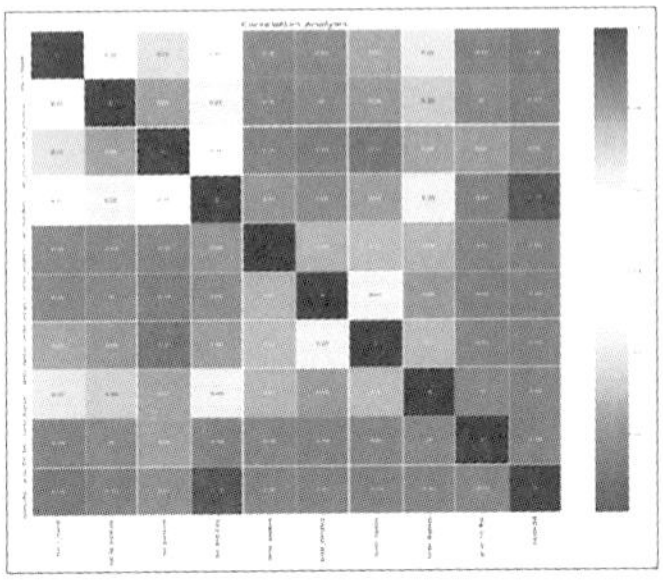

観察結果：データでは、被扶養者数と在院時間は線形の相関関係にあるが、有意な非線形関係は観察されなかった。

モデルパフォーマンス・レビュー

非センシティブ特徴量を伴う
センシティブ属性予測

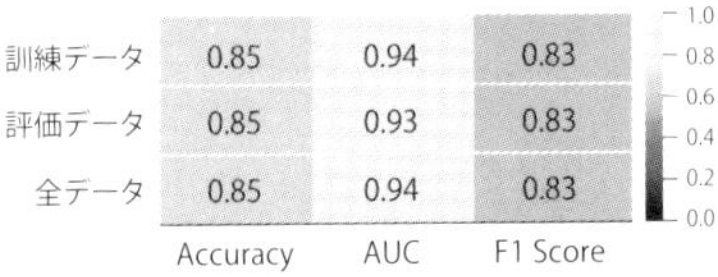

代替の識別

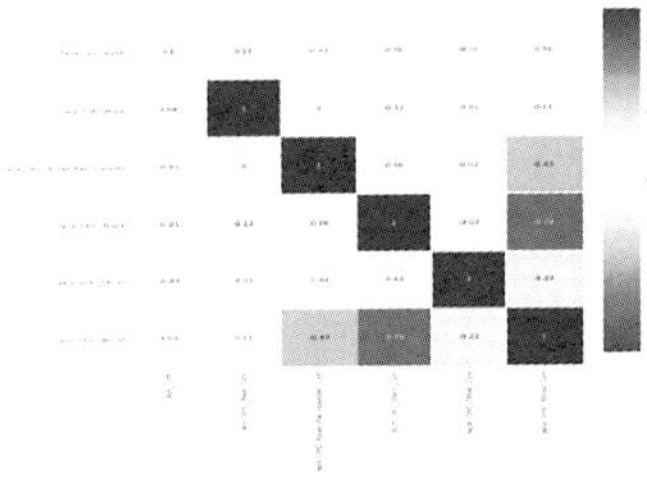

観察結果：センシティブ属性である性別は、モデルのパフォーマンスメトリクスが良好な他の特徴量によって予測可能であることがわかった。

観察結果：性別は、週当たりの時間数と白人を除いて、いかなる特徴量との関連性も示していない。

出所：アクセンチュア

これにより、どのような関係性を持ったデータを扱っているのかを可視化することができ、特徴量に関しての説明可能性を高めることができる。

・また、医療データに基づいて健康問題に関連するコストを計算するアルゴリズムで黒人が不利益を被っていたという問題について述べたが、そのアルゴリズムの構築の際には「人種」の項目は使っていなかった。こういったセンシティブ属性（この場合「人種」）を取り除いたデータにおいてセンシティブ属性間でバイアスが存在するのを発見するのは非常に難しい。しかし、非センシティブな特徴量を使ってセンシティブ属性を予測できる場合、こういったデータに存在するバイアスを発見する手助けになる。

▼モデルの説明可能性：特定のサンプルに対してモデルの説明可能性を検証する手法として有名なものに、**ＬＩＭＥ**と**ＳＨＡＰ**がある。いずれもオープンソースとして公開されており、誰でも参照・利用が可能だ。

◆ＬＩＭＥ（Local Interpretable Model-agnostic Explanations）は２０１６年に開催されたデータ分析の国際会議ＫＤＤでワシントン大学の研究チームにより提案された[44]。ニューラルネットワークやランダムフォレストなどの複雑なモデルをより平易で解釈しやすい線形回帰モデル／ルールモデルに近似し、局所的な説明を生成する方法である。モデル全体を線形回帰モデルで近似することはできないので、局所的なサンプリングにより線形回帰モデルを作成する。

図表2-8 LIME概念の模式図

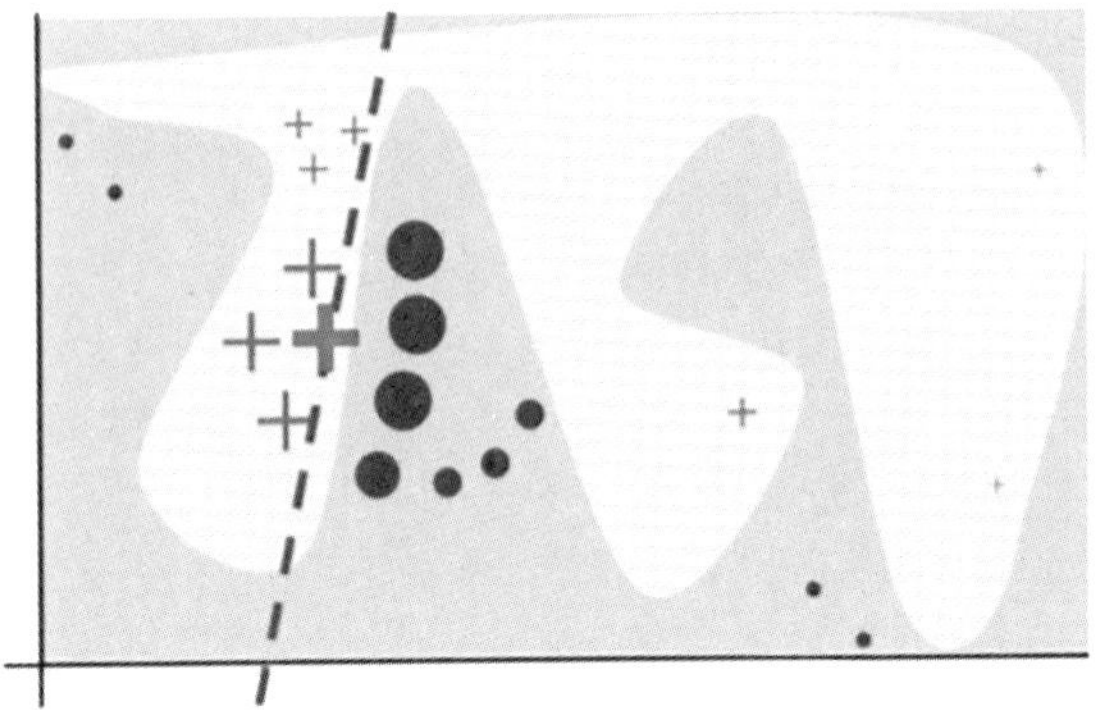

出所：Marco Tulio Ribeiro et al., "'Why Should I Trust You?' Explaining the Predictions of Any Classifier," 2016 (44)
https://www.kdd.org/kdd2016/papers/files/rfp0573-ribeiroA.pdf

図表2−8はこのことをわかりやすく2次元の概念図で表したものである。図中には（大きさは一旦無視して）「+」と「●」が存在している。これは入力に対して、あるときは「+」というカテゴリになり、あるときは「●」というカテゴリになる、ということを表している。そして、これら「+」と「●」のデータを訓練データとして使い、ある入力が与えられたときに結果が「+」になるのか、それとも「●」になるのかを分類・予測したい、というのがＡＩにやらせたいことである。

まず図に直線を引いて、片方の領域には「+」、もう片方の領域には「●」となるようにできれば、その直線が表す数式を使って、入力されたデータが「+」になるのか、「●」になるのかを完全に分類・予測することができる。線形回帰モデルはこのように平易で非常に解釈しやすいモデルである。

しかし図表2-8を見ればわかるとおり、すべての「＋」と「●」を完全に分離できるような直線を引くことはできず、曲線で表さなければ分離できない。灰色と薄灰色の領域はそれぞれ「＋」と「●」が含まれる領域を表現している。灰色と薄灰色の境界線がニューラルネットワーク等の複雑なモデルで実現しようとしているモデル（分離境界）で、この境界線を使えば入力が与えられたときに「＋」になるのか、それとも「●」になるのかを判断できそうだ。

容易に想像できるとおり、このような複雑なモデルを線形回帰モデルで代替することは無理である。しかし局所的なデータ、例えば図中の大きな「＋」と大きな「●」が含まれる狭い範囲のデータに対してであれば破線で示すような線形回帰モデルで分類モデルを近似できる。LIMEではこうした局所的なデータのサンプリングと予測を繰り返すことで近似的な線形回帰モデルを作成していく。

図表2-9はグーグルの学習済み画像分類モデルに対してオリジナル画像（a）を入力した場合の分類結果「Electric guitar（エレキギター）」、「Acoustic guitar（アコースティックギター）」、「Labrador（ラブラドール）」に対しての説明を可視化したものである。それ以外の分類に関してはグレーで表示されている。（b）は「エレキギター」の分類に対して指板部分が主に判断に使われていると説明できる。（c）、（d）もそれぞれの分類の根拠を説明するものとして妥当であると判断できそうだ。

図表2-9 画像分類に対する分析例

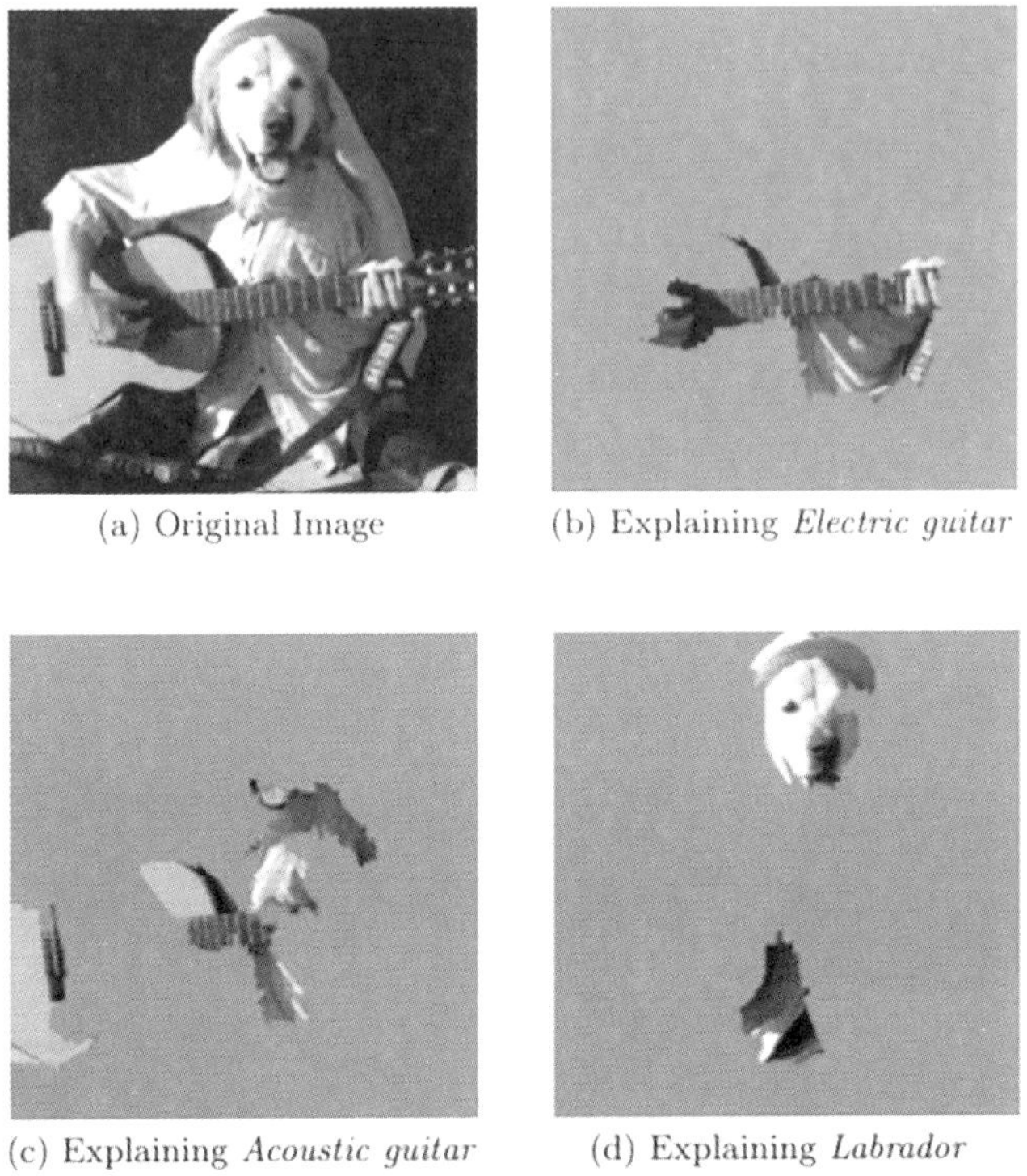

出所：Marco Tulio Ribeiro et al., "'Why Should I Trust You?' Explaining the Predictions of Any Classifier," 2016 (44)
https://www.kdd.org/kdd2016/papers/files/rfp0573-ribeiroA.pdf

図表2-10　ハスキー犬とオオカミ分類の悪い例

(a) Husky classified as wolf　　(b) Explanation

出所：Marco Tulio Ribeiro et al., "'Why Should I Trust You?' Explaining the Predictions of Any Classifier," 2016 (44)
https://www.kdd.org/kdd2016/papers/files/rfp0573-ribeiroA.pdf

　このLIMEを活用すると例えば図表2-10のような悪い分類モデルも検証できる。

　これはハスキー犬とオオカミの画像を使って構築した分類モデルに対し、「オオカミ」と誤分類されている「ハスキー犬」画像の説明を可視化したものである。図表2-10(b)に示されたとおり、ここで分類に使われている情報が「背景の雪景色」だとわかる。このように分類の根拠がわかればデータを見直し、訓練用のオオカミ画像に「雪景色」が含まれたものが多く、ハスキー犬画像には少なかった、といったデータの偏りを是正することができる。ただし、LIMEを適用したからといって必ずしも人間が解釈可能な説明が得られるとは限らない点には注意が必要である。

◆LIMEの発展形が**SHAP**(**SHapley Additive exPlanations**)であり、2017

年に開催されたニューラルネットワークの国際会議ＮＩＰＳ（現在のNeurIPS）にてワシントン大学ポール・Ｇ・アレン・コンピュータ・サイエンス・スクールの研究チームにより提案された。[45] この論文では先述のＬＩＭＥを含むいくつかの局所的な説明が**シャープレイ値（Shapley Value）**の枠組みで記述できることを示している。

シャープレイ値とは協力ゲーム理論における基本的な概念であり、全員が提携して協働するときに各プレイヤーの貢献度に対して公平に報酬を分配するための計算方法である。よく用いられる喩えがタクシーの相乗りだ。例えば飲み会の帰りに３人のサラリーマンがタクシー相乗りで帰宅することにした。３人は自宅がそれぞれ離れており、タクシーを拾った場所から自宅が近い人から順にタクシーを降りていくことになる。つまりはじめは３人相乗り、そのあとの区間は２人相乗り、最後は一人になる。この場合、３人がそれぞれタクシーに乗った区間を考えて公平に料金を割り勘するにはどうすればよいか。このようなときに公平な分配方法を提示するのがシャープレイ値である。

余談だが、この値が重要になっている新しいビジネス領域がある。「**シェアリングエコノミー**」だ。車やオフィスなどの有形資産やスキル・時間などの無形資産を共有するビジネスによる経済圏のことであり、ここでもそれぞれの貢献度に合わせて公平に報酬を分配するにはどうすればよいかという概念が重要になっている。

ＳＨＡＰでは特定の予測に対するそれぞれの特徴量に重要度を付与することでＡＩの

図表2-11　文字認識結果に対する説明

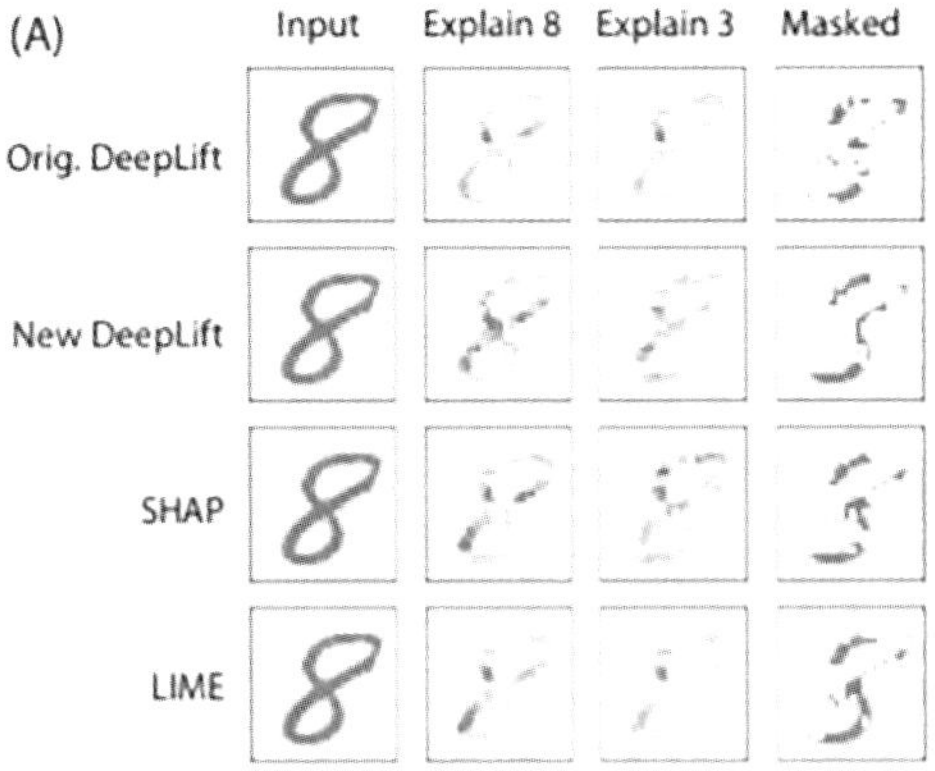

出所：Scott M. Lundberg et al., "A Unified Approach to Interpreting Model Predictions," 2017 [45]
https://proceedings.neurips.cc/paper/2017/file/8a20a8621978632d76c43dfd28b67767-Paper.pdf

出力結果に対する説明を生成する。

図表2-11は、手書き数字の画像データセットＭＮＩＳＴを使って、畳み込みニューラルネットワーク（深層学習の一種）で学習した文字認識ＡＩの手書き文字「8」に対する説明（各画素の貢献度）を可視化したものである。左から3列目は「3」に対する説明を同様に可視化したものである。“Masked”の列は「8」や「3」の判断に寄与している各画素に対するそれぞれの貢献度に従って、「8」を「3」に変えるための画素を除去したものである。貢献度の計算性能が高ければ、“Masked”の列にはきれいな「3」が見えるはずである。

図中のDeepLiftとは、２０１６年に提案された深層学習に対する予測根拠の説明手法である。“New DeepLift”はこのDeepLiftとシャープレイ値を組み合わせた手法であり、この実験では最もはっきりと「3」の数字は見て取れ、オリジナル手法からの改善は一目瞭然である。

このようにシャープレイ値の活用は他の説明手法との親和性が高い手法であるといえる。

◆また、スタンフォード大学パン・ウェイ・コーらは“Understanding Black-box Predictions via Influence Functions”（影響関数を使ったブラックボックス予測への理解[46]）の中で、ロバスト統計の**影響関数**（**Influence Function**）を使ってＡＩの予測結果に対して関連の深い訓練データを根拠として提示する手法を提案している。同手法は、機械学習分野のトップカンファレンスであるＩＣＭＬ（International Conference on Machine Learning）で２０１７年に発表され、ベストペーパーにも選出されている。ロバスト統計とは外れ値を含む場合でも妥当な統計値を算出するための手法であり、その統計量のロバスト性（頑健性）を測るために用いられる重要な概念が影響関数である。

図表2－12は画像分類の手法として、深層学習のInception v3とカーネル関数としてＲＢＦ（Radial Basis Function：動径基底関数）を用いたＳＶＭ（Support Vector Machine：分類アルゴリズムの一種）の2手法を使って「魚」と「犬」の画像分類モデルを構築し、影響関数を用いてテストの魚画像（図表2－12上段左）の判定に最も貢献している上位2件ずつの訓練データ（魚画像）を導出した結果を表している。興味深いのは深層学習であるInception v3においては、「魚」、「犬」のそれぞれの画像が、正しい分類のための貢献データにも有害データにもなりえる点であ

図表2-12　画像分類2手法においてテスト画像の判定に最も貢献した訓練データ

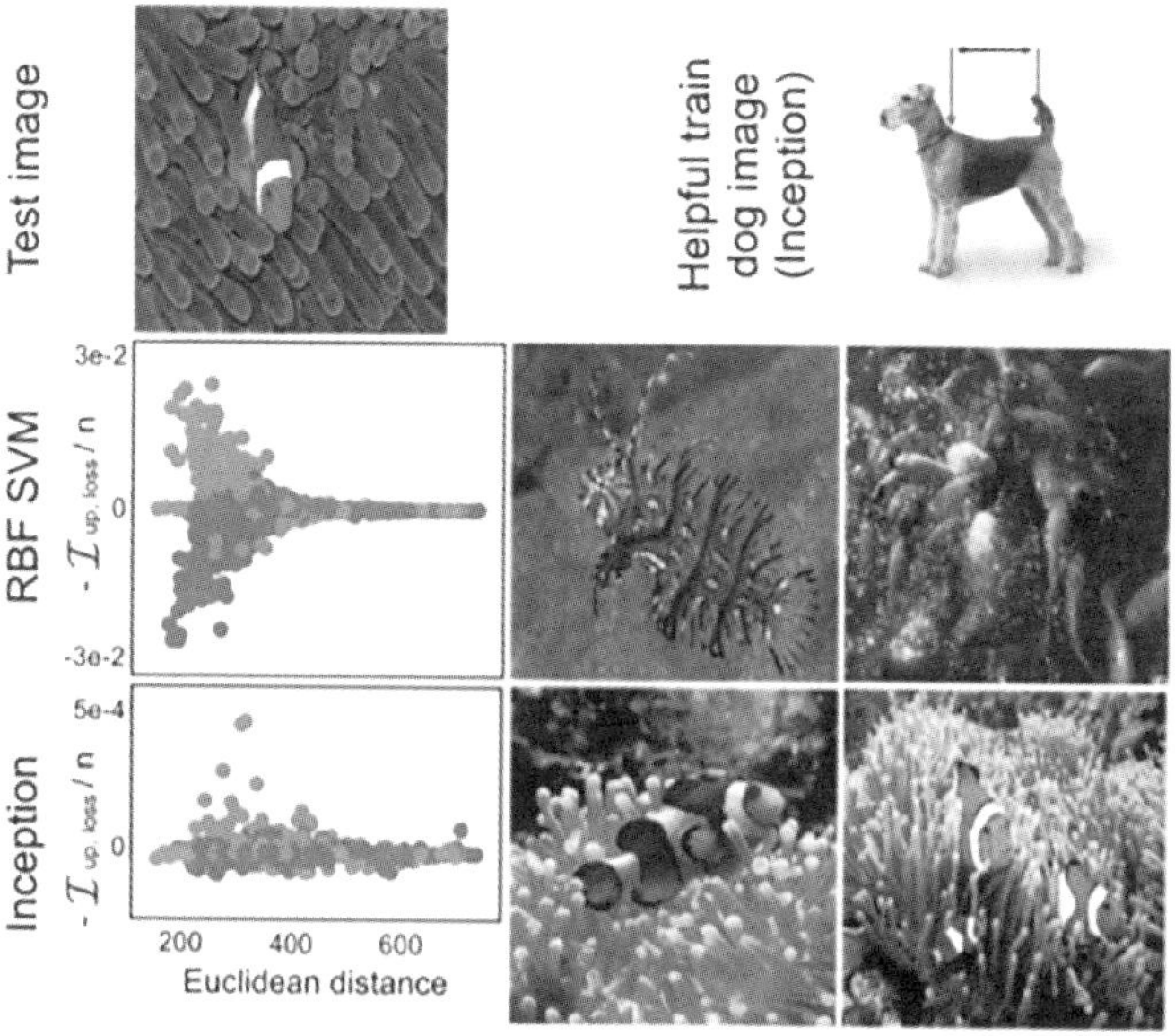

出所：Pang Wei Koh et al., "Understanding Black-box Predictions via Influence Functions," 2017 (46)
http://proceedings.mlr.press/v70/koh17a/koh17a.pdf

る。

実際、「魚」としての分類に貢献するデータの中には図表2－12上段右の「犬」画像が含まれていることがわかっている。「魚」とは似ても似つかない「犬」の画像が「魚」の判定に寄与していることが影響関数によりわかった格好だ。このように、影響関数を利用した判定根拠の提示は、ブラックボックスであることがたびたび指摘される深層学習手法において、透明性を担保するための有効な手法であるといえる。

◆LIME、SHAP、影響関数以外には、以下のような観点でポイントを検証する必要がある。

●包括的な解釈：ある特徴量が結果を予測するうえでどの程度重要であるか（結果がその特徴量にどれくらい依存しているか）を、他の特徴量との対比で理解できるか？（図表2－13）

●ローカルの説明：入力の一つの特徴量が変化すると、モデルの予測結果にはどのような影響がでるか？（図表2－14）

●AIの結果がセンシティブ属性や保護された情報に依存していないことを確認できるか？

テストデータからランダムに抽出したサンプルに対し、SHAPにより説明（判断に影響を与えている特徴量）を生成する。そして他のすべての特徴量の値を保ったまま特

図表2-13　ある特徴量の他の特徴量との比較による検証例

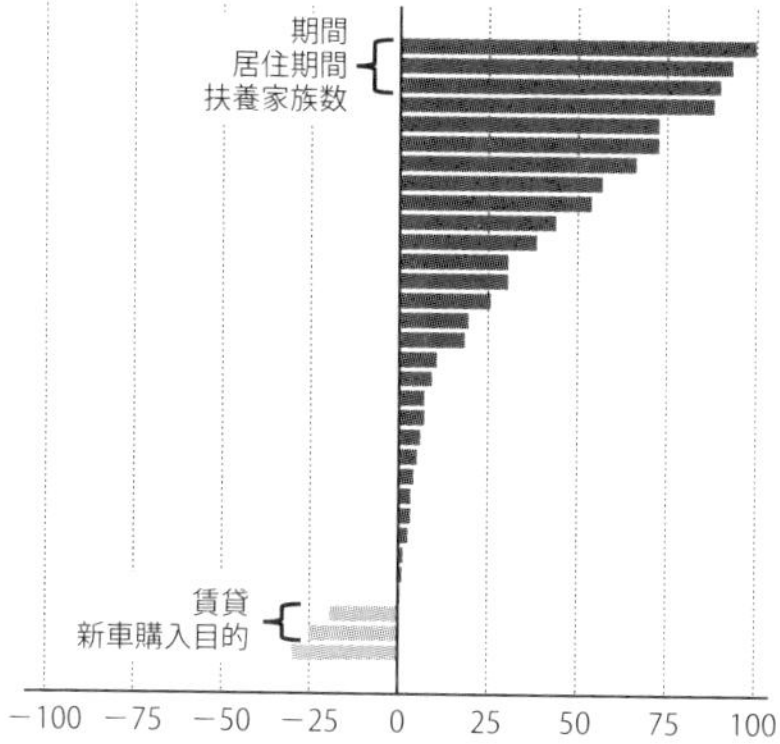

観察結果：予測に高い説明能力を与える特徴として、期間、居住期間、扶養家族の数などが挙げられた（濃灰色バー上位）。またいくつかの特徴は予測に悪影響を与えている（薄灰色バー）。

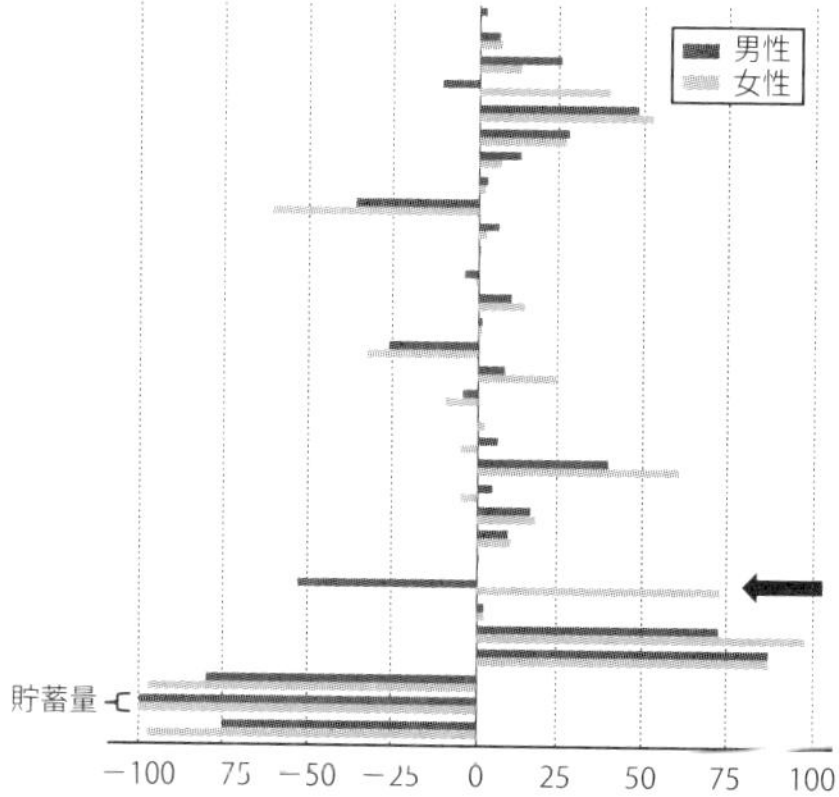

観察結果：貯蓄量が双方のサブグループに重要であることがわかった。一部の特徴量は女性では平均的に良好な影響を与えているが、男性では平均的に不利な影響を与えていることがわかった（矢印）。

出所：アクセンチュア

図表2-14 特徴量の値を変化させた場合の予測性能の検証例

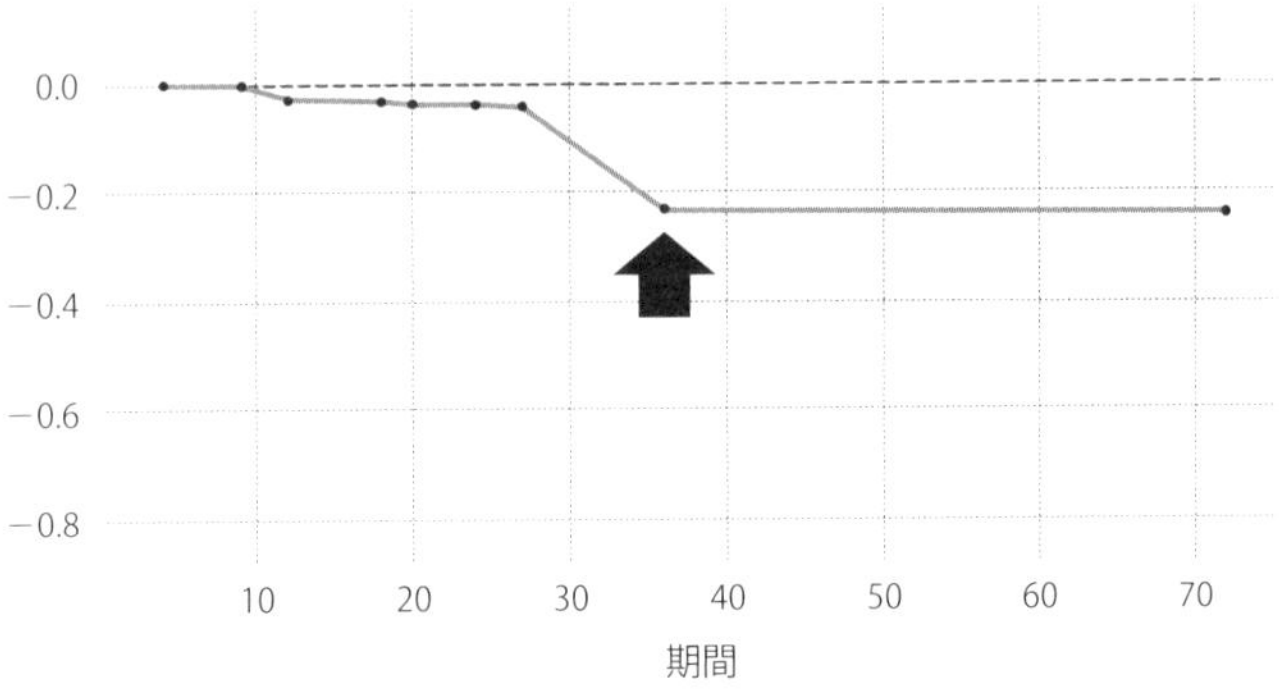

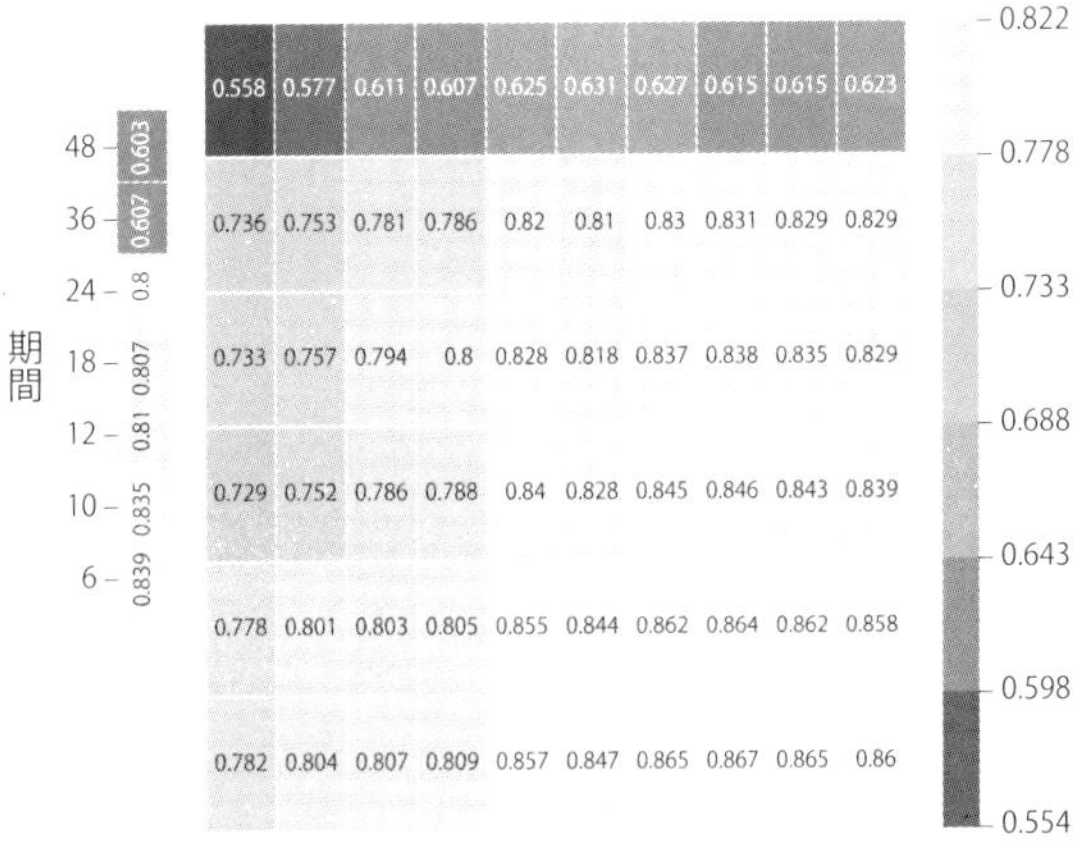

観察結果：期間が長くなるにつれておよそ40年まで悪影響を受け、その後は停滞。期間が25年未満の場合、年齢が上がるにつれて予測値は増加。一方、25年以上の期間では、年齢の変化の影響は小さくなることが確認できた。

出所：アクセンチュア

図表2-15　SHAPによる特徴量の検証例

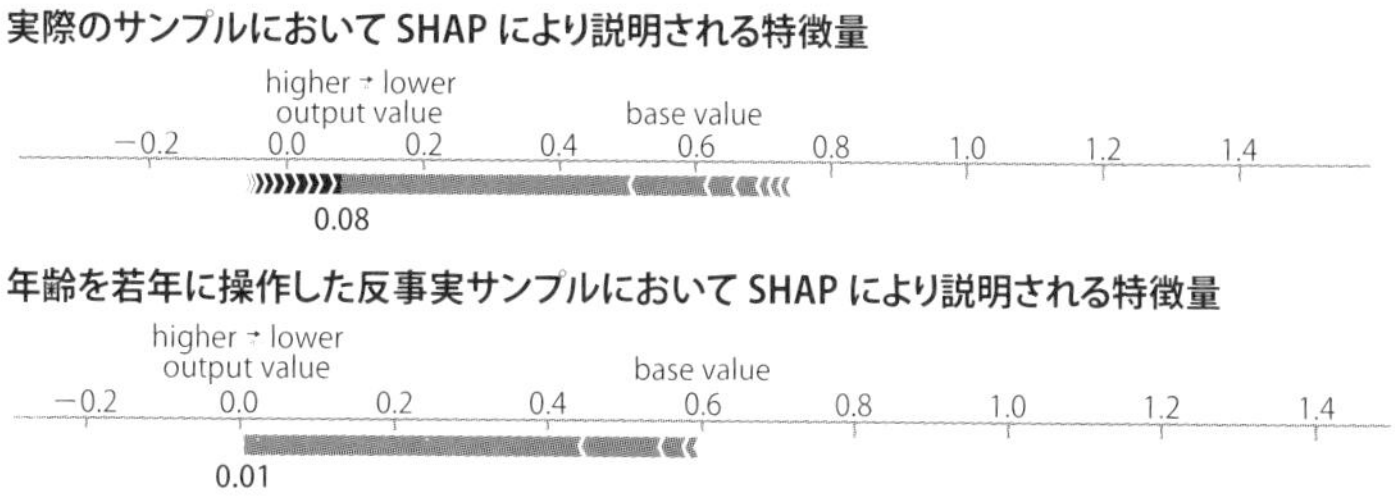

観察結果：テストデータからランダムに抽出したサンプルでの反事実評価では、他のすべての特徴量を実際の値と同じにしたまま、特定の特徴量（例えば年齢）を変更し検証する。この場合、予測値を押し上げる特徴量（黒色の部分）がなくなることがわかった。これにより、このサンプルで予測値を押し上げていた特徴量がこの反事実評価によって予測に関連しなくなっていることがわかる。

出所：アクセンチュア

定の特徴量を変化させてSHAPによる説明への影響を調べる。例えば与信審査のAIを検証する場合、「年齢」の特徴量だけを小さく（若く）変化させた場合に、SHAPにより判断に寄与していると説明された特徴量（例えば「月収」など）がなくなってしまう場合、その特徴量は「年齢」の値にとって重要ではなくなってしまうということを意味する。

これはすなわち「年齢」が若いグループに対しては、「月収」などの項目では判断されていない可能性を示唆し、AIの出力結果が「年齢」というセンシティブ属性に依存してしまっていることを表す。

このように、サンプリングしたデータに対し特定の特徴量を変化させることで、AIの結果がセンシティブ属性や保護された情報に依存していないことを確認できるか検証する（図表2‐15）。

▼モデルのバイアス：ＡＩの利用者が用いる出力のバイアスを検証する。

◆モデル性能レビュー：**混同行列**（**Confusion Matrix**）で正しいＡＩの判定と正しくないＡＩの判定を区別し、モデルの性能を理解する必要がある（図表2‐16）。ここでは先に例示した危険人物検出ＡＩを再度取り上げ、検証方法を確認してみる。前出の例では、１００万人に１００人の危険人物がいるというデータに対して、危険人物の99％を検出するＡＩを仮定していた。

この場合、危険人物と推定され実際にそうだった場合のことを**真陽性**（**True-Positive：ＴＰ**）といい、99人がここに当てはまる（１００人×99％）。危険人物ではないと判定されたが実際は危険だった場合は**偽陰性**（**False-Negative：ＦＮ**）で、ここには1名当てはまる（１００人−１００人×99％）。危険人物ではなかったが、危険だと誤って判定されてしまった場合は**偽陽性**（**False-Positive：ＦＰ**）でここは９９９９人だった（９９９９００人×1％）。残りは９８９９０１人だが（９９９９００人−９９９９人）、このグループは危険ではなくＡＩでも危険判定されなかったグループで、**真陰性**（**True-Negative：ＴＮ**）である。

このとき、ＴＰ／（ＴＰ＋ＦＮ）の値を**真陽性率**（**True-Positive rate**）または**再現率**（**Recall**）といい、この場合99／（99＋１）＝０・99となる。危険人物検出ＡＩの性能99％というのは、ここでいう真陽性率（再現率）のことだったことがわかる。一方、ＴＰ／（ＴＰ＋

図表2-16　混同行列（Confusion Matrix）による検証例

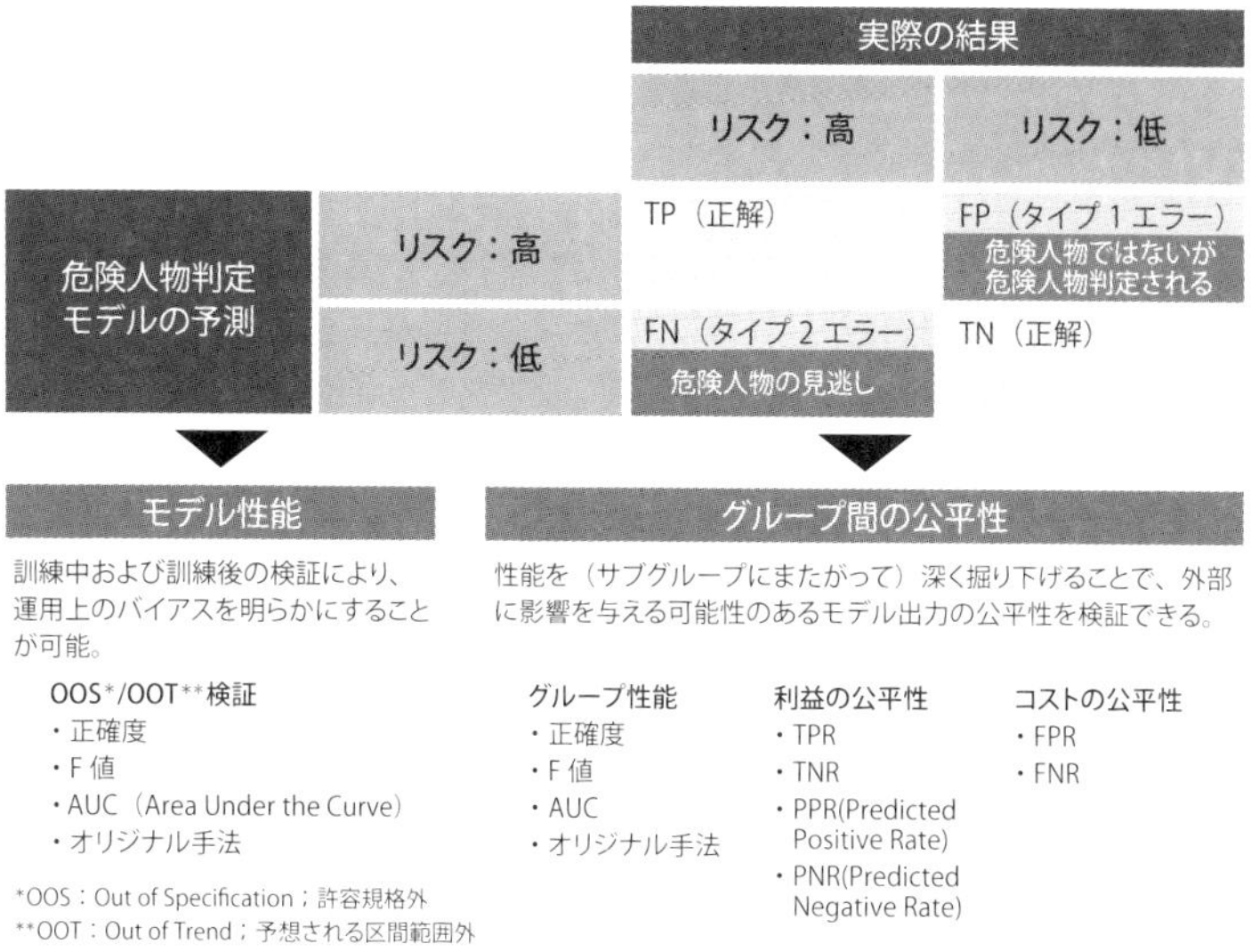

出所：アクセンチュア

FP）＝99／（99＋9999）≒0・0098という値も算出していたが、この値は**陽性的中率（Predicted Positive Rate）**または適合率（Precision）と呼ばれる。このように性能を表す指標は一つでは十分ではなく、複数を用いてモデルの出力を評価しなければならないことがわかる。

◆ちなみに真陽性率（再現率）と適合率はトレードオフの関係になることが多い。例えば、危険人物の検出漏れを防ぐべく改良していくと危険人物の検出漏れは少なくなる（再現率が高くなる）が、危険人物でない人も危険人物判定されてしまうケースが増える（適合率が下がる）ということが起こる。極端なことをいえば、すべての人物を有無を言わさず危険人物と判定してしまえば再現率は１００％になるが、適合率は１００／１０００００＝０・01％だ。

◆そこでＡＩの世界では真陽性率（再現率）と適合率をバランスよく評価するために両者の調和平均（逆数の平均の逆数）を用いることが多い。この値はF1-Score（Ｆ１値）と呼ばれている。

◆モデル公平性レビュー：モデルの公平性レビューにおいては、これらの指標や図表2-16に記載の指標を使いサブグループ全体に対して性能を評価し、全体的なモデル性能からの大きな乖離を発見することが重要である（図表2-17）。

一方、利益の公平性に関しては真陽性率（ＴＰＲ、再現率）や真陰性率（ＴＮＲ）、陽性的中率（ＰＰＲ、適合率）、陰性的中率（ＰＮＲ）により陽性、陰性の判断がどれだけ正しかったかを評価する。偽陽性率（ＦＰＲ）や偽陰性率（ＦＮＲ）は誤判断や見逃しに関する評価指標であり、これらはコストに関連する（図表2-17）。

定量評価は客観的な評価ではあるが、多くの手法は研究者が「そのようにすればバイアスを検出できるだろう」という仮定の下開発した手法であり、またその結果を解釈するのも人間であるという点を忘れてはならない。やはりここでも人間（すなわち研究者あるいは評価実施者）の「意見」が内在されているのであり、過分に信用しすぎないよう留意されたい。これまでに述べ

図表2-17　モデルの公平性評価の例

	subgroups	tp	fn	fp	fn	正確度	balanced_classification_rate	mathew_correl_coeff	f1値	auc	cost_ratio
0	性別_男性	366.0	66.0	85.0	33.0	0.785	0.677	0.412	0.861	0.677	0.388
1	性別_女性	141.0	60.0	29.0	20.0	0.804	0.775	0.564	0.852	0.775	0.690
2	性別_全体	507.0	126.0.	114.0	53.0	0.791	0.715	0.473	0.859	0.715	0.465
3	年齢_グループ0	233.0	87.0	62.0	37.0	0.764	0.723	0.469	0.825	0.723	0.597
4	年齢_グループ2	60.0	11.0	10.0	3.0	0.845	0.738	0.553	0.902	0.738	0.300
5	年齢_グループ1	187.0	26.0	39.0	12.0	0.807	0.670	0.417	0.880	0.670	0.308
6	年齢_グループ3	27.0	2.0	3.0	1.0	0.879	0.682	0.454	0.931	0.682	0.333
7	年齢_全体	507.0	126.0	114.0	53.0	0.791	0.715	0.473	0.859	0.715	0.465

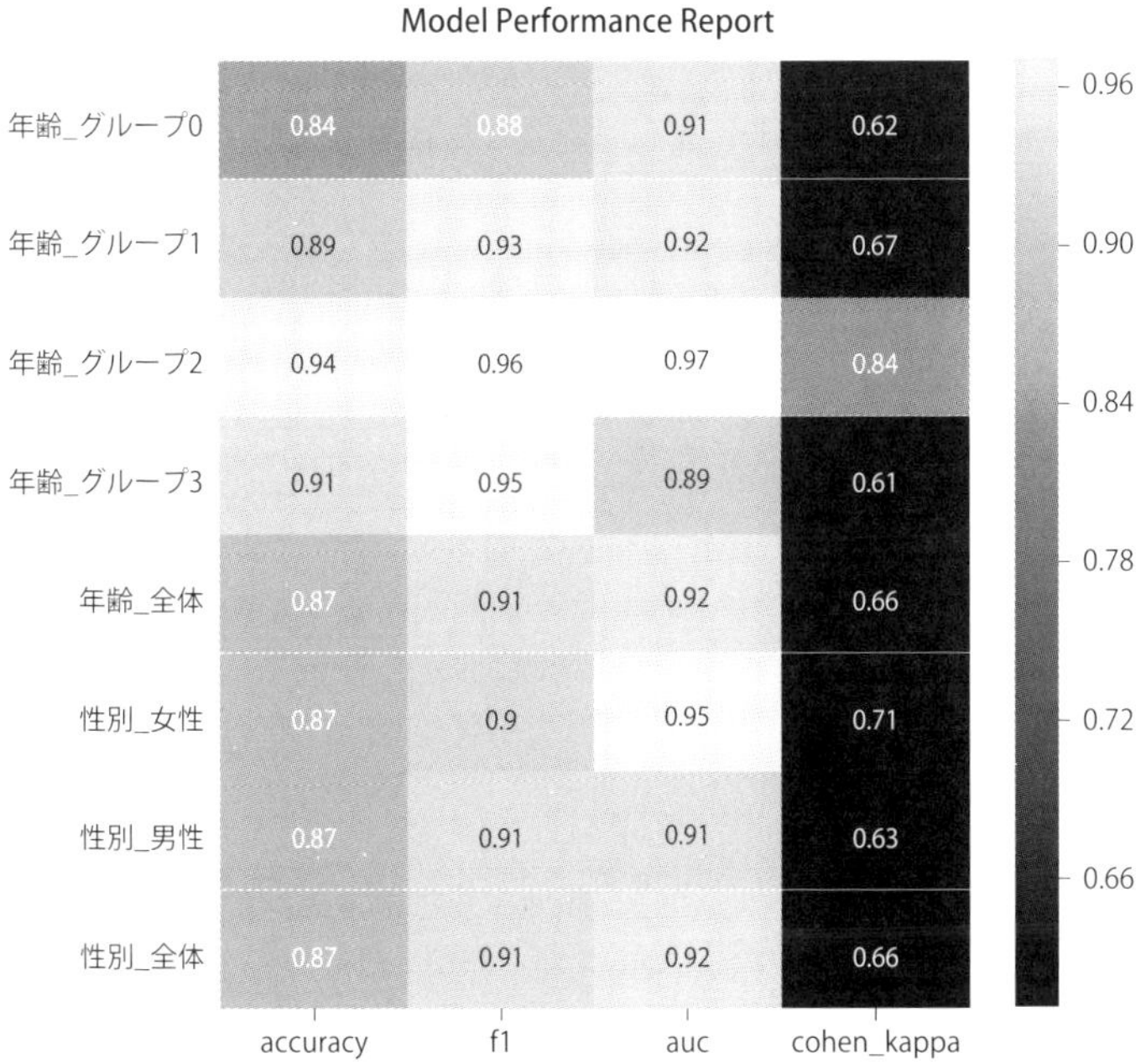

観察結果：年齢＿グループ０の正確度とF1値は、サンプルデータの他の年齢群と比較して、低年齢層ではるかに低い。

出所：アクセンチュア

た手法でバイアスが検知されなかったとしても、それは必要条件を満たしたにすぎず、十分条件が満たされたかどうかは保証されないのである。

肝心なのはこのような定量評価の限界を認識しておくことである。この認識があるかどうかで後述するガバナンス体制の在り方、問題の早期の火消しあるいは防火のためにどのような活動が必要なのか、どのような教育・研修が必要なのか、などの組織内での意識の差になって表れてくる。

統合的なアルゴリズム・アセスメントの必要性

ここまでアルゴリズム・アセスメントについて説明してきたが、このアセスメントはどれか一つを実施すればよい、というものではなく複合的・統合的に実施する必要がある。

フランス、ベルギー、スイス、ドイツ政府が強く推奨しているNutri-Scoreは食品中の基本的な栄養情報を５文字のスケールで表示したもので、そのアルゴリズムは透明性があり公開されているExcelのツールでテストを行うことすら可能になっている。

Nutri-Scoreは製品１００グラム（または１００ミリリットル）あたりの含有物に繊維、タンパク質、果物、ナッツ、オリーブ油または菜種油が含まれていればプラスのポイント、砂糖、カロリー、飽和脂肪、塩分に対してはマイナスのポイントとなり、−15から40のスコアになるよ

図表2-18　アルゴリズム・アセスメント（AA）の実施フロー

Ⓐ 取り込み

取り込みプロセスでは、倫理的な観点でのレビューと内容の理解が必要なユースケースを決定する。

ユースケースへの優先度付け
ビジネスへの影響やリスクが高いものから始める。

ユースケースの理解
ユースケースの目的、仕様、潜在的な倫理ギャップを理解する。

ユースケースの結果物の開発と利用に関わる主要なステークホルダーを巻き込む。

Ⓑ アセスメント・プロセス

ユースケースには仕様とライフステージに基づいて優先順位をつけておき、その優先順位を踏まえてアルゴリズム・アセスメント・モジュールを調整する。

モデルの健全性やユーザーグループごとの結果の格差に顕著な問題はあるか？

識別したギャップや格差について何か対策を講じることはできるか？

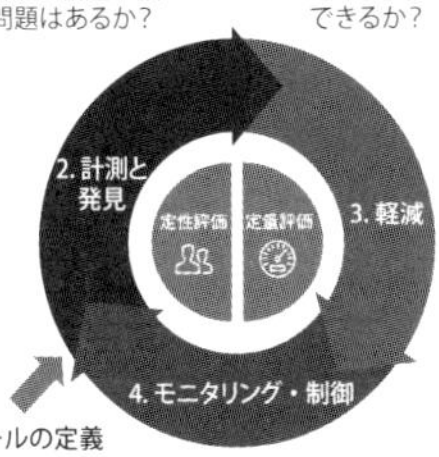

1. ゴールの定義
システムに対する公平性や性能の目的はどうあるべきか？

進化するシステムにおいてフラグを立てて制御することは可能か？

Ⓒ 成果報告

技術的なステークホルダー／非技術的なステークホルダーに対し、観測された不備に対するリスクと推奨事項を概説する。

システムの表面上の不備
システムの不備を明らかにし、ビジネスや消費者に与える影響を明らかにする。

解決へのリコメンデーション
次のライフステージに向けての解決策や前進のためのガイダンスを行う。

定常的アセスメントに関するKPI策定およびTRUSTの構築
システムの使われ方をモニタリングし、より信頼できる状態にするための組織を設ける。リスクの低い顧客を特定することで収益を増やし、リスクの高い顧客を特定することでコストを削減する。

出所：アクセンチュア

うにアルゴリズムが調整されている。そしてこのスコアがA（緑）からE（赤）までの5段階のスケールで要約される。原材料のようにパッケージ裏面に表示されるのではなくパッケージの前面に表示されるので消費者へのインパクトが大きいスコアであるといえる。

　最近、このスコアが簡単に操作される可能性があることに対して非難が上がっている。食品会社は、繊維を追加したりバターを菜種油に置き換えたり、塩分量をBまたはCのランクに到達するために必要なマイクログラムだけ変更することで、製品のスコアを向上させることができるためだ。Nutri-Scoreは説明可能性・解釈可能性の高い評価指標であるといえるが、その社会的な影響を加味し、今後はより多様なステークホルダーでの評価と併せて複合的・統合的に評価を実施する必要があると考えられる。

ここで紹介したアルゴリズム・アセスメントはほんの一部であるが、このように明確なガイドラインと定性的・定量的両面での複合的・統合的アセスメントは、ＡＩの公平性・透明性について判断を下さなければならない人間による余計なバイアスが混入すること低減し、あらゆるステークホルダーでのＡＩアセスメントの共通言語として使えるものである。したがってこれらのアセスメントをつなぎ合わせたうえで、アセスメント一体型の開発を推進していくことがＴＲＵＳＴ原則の実現、「責任あるＡＩ」の実現に必要不可欠なのである（図表2−18）。

Approach
2

ブランド価値を守り、高めるESGアプローチ

Approach 2 のポイント

- SDGs、ESGをめぐる最近の潮流はどうなっているのか。
- AIの開発、利用、提供にもESGの観点が必要になっている。
- AI開発における「データのフェアトレード（倫理的調達）」とは何か。
- AI開発においてはバリューチェーンを意識したAI開発が必要であり、ブランド戦略としても重要である。AI戦略とブランド戦略は整合させる必要がある。

ＥＳＧによるブランド価値の創出・向上

２０２０年10月、菅義偉首相が所信表明演説で「温室効果ガス２０５０年実質ゼロ」を表明し、２０２１年４月の気候変動サミットでは、２０３０年度の温室効果ガス削減目標について「13年度比で46％減」と表明したこともあり、日本企業も気候変動リスクへの対応が求められている。世界的に見れば、企業の気候変動リスクも含め、**環境**（**Environment**）、**社会**（**Social**）、**ガバナンス**（**Governance**）への社会的な意識はますます高まっている。

ＥＳＧは当初は社会課題への自主的な対応にフォーカスするものであったが、のちに機関投資家から企業のサステナビリティ（持続可能性）や成長を図るうえでの重要な非財務情報として位置づけられるようになった。そしてＥＳＧの各要素に対してリスク対策を適切に評価し、それを投資判断に利用しようとする取り組み（ＥＳＧ投資）が広く普及している。

世界持続可能投資連合Global Sustainable Investment Alliance（ＧＳＩＡ）が２０１９年４月に公表したGlobal Sustainable Investment Reviewによると、世界のＥＳＧ投資額は２０１８年の段階で30・７兆ドルに達しているとされる[47]。

近年では各国で異常気象が頻発し気候変動リスクがクローズアップされがちであるが、直面している課題は気候変動だけでない。企業・組織が人や地球のために何ができるのか、何をし

図表2−19 Responsible Businessで目指すべき姿

Responsible Business とは…
長期的な競争力と**ビジネスレジリエンス***を担保するために
ステークホルダーの興味・関心を中核ビジネスに反映させる事業

*レジリエンス…危機や環境変化を乗り越え、それを糧に成長できる組織の力

企業活動における社会的責任	事業を通じ社会貢献をする責任	資産の提供により社会貢献をする責任
環境への負荷を最小限に抑えながらすべての従業員が能力を発揮できる環境を整えることで社会的責任を果たす	社会課題を的確に捉え、その解決を通じて成長基盤を構築することにより、社会貢献と企業価値の向上を同時に実現する	利益によらず、自社の知識や技術・社員などの資産を提供・活用することによりステークホルダーの利益に貢献する
例：コンプライアンス・人権・環境への影響の配慮、社員の働き方改革　など	例：自社製品の製造を通じて貧困を解消　など	例：植林活動、文化支援、人権活動　など

出所：アクセンチュア

ているのかを積極的に示し実践していくことは、前述の機関投資家を含む経済界のエコシステムで生存を許されるためにも、またそれらの活動を確実に利益につなげられるサステナブルな企業となるためにも、ひいてはその結果としてサステナブルな社会を実現するためにも、ますます重要になっているのである。

長期的な競争力とビジネスレジリエンス（危機や環境変化を乗り越えそれを糧に成長できる組織の力）を担保するために、ステークホルダーの興味・関心を中核ビジネスに反映させる事業のことを私たちは「**Responsible Business**」と定義している。[48]「Responsible Business」には以下の3つの柱がある（図表2−19）。

●**企業活動における社会的責任**：環境への負荷を最小限に抑えながらすべての従業員が

能力を発揮できる環境を整えることで社会的責任を果たす。

- **事業を通じ社会貢献をする責任**：社会課題を的確に捉え、その解決を通じて成長基盤を構築することにより、社会貢献と企業価値の向上を同時に実現する。
- **資産の提供により社会貢献をする責任**：利益によらず、自社の知識や技術・社員などの資産を提供・活用することによりステークホルダーの利益に貢献する。

この中でも特に重要なのが、２つめの「事業を通じ社会貢献をする責任」であり、企業・組織としての活動が社会貢献につながるようにするという面と、社会貢献により消費者に支持され企業価値が向上するという面との両面を実現しようとするものである。

近年のＥＳＧ重視の潮流の中で、「事業を通じ社会貢献をする責任」という観点は責任あるＡＩの実現理由でもある。ＡＩが企業・組織の中での事業活動で使われるものである以上、事業を通じて社会貢献をするという責任はそこで使われるＡＩにも課せられるものであり、それゆえ責任あるＡＩの実現が重要となるのである。

ここでは、ＥＳＧの３つの各要素とＡＩとの関係、および、それによりどのようなブランド価値が創出できるのかを説明していきたい。

「社会」への貢献によるブランド価値の創出・向上

まず、「責任あるＡＩ」とＥＳＧとの間で最も容易にその関係がわかるのはＳ、すなわち**社会（Social）**への影響だろう。

これまでに述べてきたようにＡＩに対する社会的な影響への関心はますます高まっている。ＡＩによりもたらされる不平等にはゼロトレランス（不寛容）であることが企業・組織に求められており、欧州や米国を中心として法規制化も進んでいることは前述のとおりである。ここまで市民レベルでＡＩの公平性や透明性に対する意識が高まったことはこれまでになく、ＡＩにおける新たなトレンドといっても過言ではないだろう。

これからの消費者層において重要になってくるのが１９９０年代後半から２０００年代にかけて生まれ、デジタルネイティブともいわれる世代、いわゆるジェネレーションＺであるといわれている。さまざまな調査で、このジェネレーションＺは大量消費を嫌い、自分の行動が社会貢献につながっているかを大事に考える傾向が強いということが判明している。

彼らが使いこなす身の回りの製品・サービスにおいてはデジタル化が当たり前であり、その結果、ＡＩを用いたサービスにも（ＡＩについて意識することなく）慣れ親しんでいる。そんな世代がジェネレーションＺなのだとすると、自分たちが購入し使っている製品・サービスが不平等を助長していると判明すれば途端に彼らは背を向けるだろう。それにとどまらず、その不平等の改善を要求し、改善されなければ不買運動も辞さない、というのはステレオタイプの見方かもしれないが企業にとっては想定しておくべき事態といえる。このような事態は企業のブランドを大きく毀損することにもなる。その意味でも「責任あるＡＩ」は必須となっているのである。

ＡＩ開発においても無縁ではない「環境」意識

次にＥ、**環境（Environment）**について述べる。

ＡＩ研究のブレイクスルーとなった深層学習モデルは訓練に膨大な量のデータ処理を必要とする。非営利研究団体「オープンＡＩ（OpenAI）」の調査によると、大規模ＡＩモデルの訓練に必要なコンピューティングパワーは、２０１２年以来３・４カ月ごとに倍増しているという。[49]

２０１６年にグーグル傘下のディープマインドによって開発された囲碁ＡＩ「AlphaGo」が、韓国の囲碁チャンピオンのイ・セドル氏に勝利したことはメディア等でも大きく取り上げられ話題になったが、「AlphaGo」をさらに進化させた「AlphaGo Zero」は２０１７年に、過去の棋譜データを使わずたった３日間の自己学習のみで「AlphaGo」に１００戦１００勝したと報じられＡＩ業界にさらに衝撃を与えた。

この２０１７年の「AlphaGo Zero」の深層学習モデルの訓練に必要なコンピューティングパ

ワーは、２０１２年に画像の認識率を競うImageNet Large Scale Visual Recognition Challenge（ＩＬＳＶＲＣ）でチャンピオンとなり深層学習の研究に大きな影響を与えた深層学習モデルAlexNetの訓練に必要なコンピューティングパワーの実に30万倍以上とされる。

これだけ大規模なデータ処理となれば、当然、大量のメモリとプロセッサに対し高い負荷を長時間与えることになる。したがって近年目覚ましい進展を遂げている深層学習の成果は、消費電力の激増という負の側面を常に伴うのである。そしてこの消費電力の増加はCO_2の排出を増加させるため、大規模ＡＩの訓練が地球温暖化につながっているのではないかという指摘もある。

実際、マサチューセッツ大学アマースト校の研究チームによると、[50] グーグルの自然言語処理モデルＢＥＲＴの訓練に必要なコンピューティングのコストをCO_2排出量に換算すると、旅客機でニューヨーク・サンフランシスコ間を往復するときに排出されるCO_2排出量とほぼ同等であるという。

もちろん、こういった大規模ＡＩの訓練ではクラウドコンピューティングのサービスを使うことが主流になりつつあり、データセンターでは消費電力の削減や冷却の効率化などが進められているので、その環境負荷は低減しつつある。また、ＡＷＳ（アマゾン ウェブ サービス）やグーグル、マイクロソフトなどに代表されるクラウドコンピューティングサービス提供企業も再生可能エネルギーへの転換を進めているので、今後ますます環境負荷は低減していくものと予想される。

しかし、ここで考えなければならないのはＡＩの開発からサービス提供に至るまでのバリューチェーンのあらゆる面において、環境への影響も視野に入れておかなければならない、ということである。私たちはＡＩの出力結果が環境に対して作用する場合にのみ、環境のことを考えればよいと誤解しがちである。例えば、ごみ分別に適用されているＡＩが誤認識をしてしまうと、混入すべきでないものが混入して有害物質の排出につながってしまうかもしれないことは容易に理解できる。

一方、ウェブサービスでおすすめの記事をリコメンドしてくれるＡＩ（自然言語処理ＡＩ）がCO_2排出を増やしているかも、というのはなかなか結び付かない発想である。

ＥＳＧ投資のブームに伴い、企業もバリューチェーン上のあらゆる場所で環境への配慮が求められるようになっている。例えば商品やサービスの原材料調達、生産、流通、利用、そして最終的な廃棄・リサイクルまでの製品ライフサイクル全体を通して、温室効果ガスの排出量をトレースしようというカーボンフットプリント（「炭素の足跡」）を導入する動きが広がっている。取引先企業に対する請求書にもカーボンフットプリントの記載を求めるような動きも今後増えてくるだろう。こうした動きはＡＩを開発する企業、ＡＩを使ったサービスを提供する企業にも等しく適用されるルールになりつつあることを頭に入れておく必要がある。

AIにおけるフェアトレード（倫理的調達）とは？

最後にG、**ガバナンス（Governance）**との関係である。

ここでも企業・組織活動においてのバリューチェーンを考える。ＡＩと企業・組織内部におけるガバナンスについては後で詳しく述べるためここでは割愛し、企業・組織外部との関係（サプライチェーン）におけるリスクおよびガバナンスの必要性について考えてみたい。

ＡＩ開発において最も人手がかかる作業は、データの前処理から訓練データの作成に至る作業、すなわち機械学習の前処理作業である。

例えば、画像から抽出・識別対象を認識するＡＩの開発においては、抽出・認識したい対象の画像中での位置情報を正解とするデータ（教師データ）を大量に用意する必要がある。車両に装着された画像センサーから得られた走行中の画像データから人、車両、看板、その他の物体などを認識するＡＩを開発するためには、当該画像センサーから取得された大量の画像データを事前に入手し、それらの画像に含まれる人、車両、看板などの位置と範囲を、人手でマーキングすることによって教師データを作成していくのが一般的だ。

文書分類ＡＩの開発であれば、大量の文書に対してそれらが何に分類されるべきかを人手で判断し、あらかじめ定義した分類体系に基づいて分類用のラベルを付与するという教師データ作成作業を行う。住所・氏名などの認識で用いる手書き文字認識AIを開発する場合には、手書き文字の教師データが必要だ。容易に想像がつくようにこういった作業は非常に骨の折れる作業である。

このように大量の作業を低コストかつ短時間で実施する方法として多く用いられているのが「クラウドソーシング」である。クラウドは「Cloud」ではなく「Crowd」、すなわち群衆のことで、大量の作業をインターネットを介して多数の作業者に発注する業務形態のことである。代表的なプラットフォームとしてはアマゾンのメカニカルターク（Mechanical Turk）などがある。作業者はこういったクラウドソーシング用のプラットフォームにログインし、AI企業側から外注された先述のような作業を請け負う。不特定多数の作業者が同時並行で作業を行うため、たとえ数万件の正解データを作成する作業だとしても、ものの数日で終わってしまう。

ここで、住所・氏名などの個人情報を含むデータを扱う場合、そういったデータを不特定多数の作業者に流して問題ないのかと思われる方もいるだろう。クラウドソーシングに作業を発注する場合にはそういったプライバシーの問題にも配慮する。例えば住所・氏名の画像は細かい単位に分割すると同時にデータをシャッフルするなどして、作業対象のデータから個人情報が漏洩することを防止している。

また、不特定多数の作業者の中には適当に作業を行って不当に費用を稼ごうとする人も出てくるのでは、と懸念を抱く方もいるかもしれない。これを防止するにはいろいろなやり方があるが、正解があらかじめ決まっている作業を途中でランダムに実施させ、正解率が一定値を上回らない作業者はそれ以上の作業をできなくしたり、そうした作業不可の回数が多い作業者は次回以降の受注者候補から除外するなどの仕組みが導入されている。作業一件あたりの費用、すなわち一つのデータに対して正解を付与する作業の費用は非常に少額なので、トータルのコストも抑えられるという点も大きな特徴である。

ＡＩ企業側にとってクラウドソーシングは、ＡＩ開発に必要不可欠な訓練データを一定の品質を担保しながら短期間かつ低コストで準備できるという、まさにペインポイントにダイレクトに訴求するサービスなのである。

この良いこと尽くめのように見えるクラウドソーシングだが、ＡＩ開発における「隠れた労働力」として問題視する動きもある。こうした教師データ作成作業に従事する多くの作業者は低賃金で雇用も不安定なギグワーカーであることが指摘されているのである。

「ＡＩ倫理」を考えるにあたって、私たちは「**データのフェアトレード**」ともいうべきデータの「倫理的な調達」という面にも目を向けておく必要がある。「責任あるＡＩ」の実現にはＴＲＵＳＴの原則が重要になるが、その中のTrustworthy＝信用できる、Secure＝安全が保たれている、の２つの面はこのＡＩサプライチェーン上で特に重視すべきポイントである。データが倫理的に調達されていないという指摘があればそのＡＩはTrustworthyあるいはSecureの２面が守られていない可能性が高く、ひいては「責任あるＡＩ」とはいえなくなってしまう。

ＡＩ開発はアルゴリズムやその出力結果に目が向きがちであるが、実は（倫理面での）リスクはデータの調達段階から「見えない労働力」という形で紛れている可能性があることにも留意したいものである。

ＥＳＧは企業ブランドにとってますます重要になっている。これまで述べてきたとおりＡＩはＥＳＧのそれぞれの要素に対して決して無関係ではない。企業・組織は「責任あるＡＩ」を実現するために、ＡＩ開発の上流から下流までのバリューチェーン全体に対してＥＳＧの観点から意識を向けることが必要である。そしてそれらがＡＩ戦略の一部として位置づけられるとともにブランド戦略とも整合していることが重要である。

ＡＩ戦略によってブランド価値をどのくらい高められるか、あるいはＡＩのリスクによりブランド価値を毀損する可能性はどのくらいあるかを十分に議論し、またブランド戦略を「責任あるＡＩ」、ＴＲＵＳＴの原則にどう反映するべきかを検討する必要があるのである。

Approach 3

ガバナンスにおける効果的な「火消し」の方法

Approach 3 のポイント

- 企業全体での倫理的なAIガバナンスには、役割に応じた専任組織の設立が必要になる。
- 大別したところ、倫理委員会としては以下のような組織が考えられる。

▼倫理審査委員会
▼倫理諮問委員会
▼データ研究審査委員会
▼製品諮問委員会

●経営層として求められるコミットメントとはどのようなものか。
●レッドチームと消防隊員の設立を通して、リスクに対して早期に警戒するための仕組み（組織、文化）が必要である。また「ＡＩ倫理」をビジネスに変えるスタートアップも出現している。
●国内企業も含めてＡＩの倫理原則の策定や倫理委員会の設立が新聞等でも取り上げられるようになってきた。国内企業においてもガイドライン策定や専任組織設置の動きが広がっている。

ＡＩガバナンスのロードマップ

前章（Ａｐｐｒｏａｃｈ２）でも、ガバナンスについて、主に社外・組織外との関係やサプライチェーン面でのリスクといった面から紹介した。ここではいよいよ企業・組織内でのＡＩのガバナンスについてのリスクやあるべき姿について論じていきたい。

グローバルのエグゼクティブを対象にした私たちの調査によると、回答者の63％はＡＩの倫理的ガバナンスの必要性は認識しているが、ガバナンスの枠組みを具体的にどのように構築すればよいのかについて確信がないと回答している。

日本でも、ほとんどの企業・組織はコンプライアンス・プログラムを実施しているが、政府や国際機関などが策定したＡＩにおけるコンプライアンス・プログラム、ガイダンスに準拠した規準まで設けている企業・組織はまだ多くはない。こうした規準は基本的な倫理基盤・行動指針としての役割を果たすが、具体的なアクションにまで落ちてこないことも多い。行動につながらない原因は、こうしたコンプライアンス・プログラム、ガイダンスが組織を横断した共通文化として根付いていないからである。組織内に従来から存在する文化、倫理的概念をどのように拡張し、「ＡＩ倫理」のガバナンスを実現すればよいのだろうか？

それには経営層から現場まで全員が協調しながら建設的に意見を出し合える自浄作用を備えた持続的な関係性、いわゆる「倫理的エコシステム」とでもいうべき企業・組織内での協力関係が必要である。倫理的エコシステム実現のためには以下のような段階を経ていくことが求められる（図表2－20）。

フェーズ１：倫理委員会の設置

欧州委員会（European Commission）の研究・イノベーション・科学担当委員であったモイラ・ゲーガン・クイン氏は「研究とイノベーションのプロセスにできるだけ多くのステークホルダーを巻き込んでこそ、私たちが直面している課題に対する正解を見つけることができる」と述

図表2-20　AIガバナンスのロードマップ

Phase 1：
倫理委員会
倫理委員会とは、倫理や関連分野に精通した専門家の集まりであり、プロジェクト、プログラム、組織のために必要な助言または承認を行う。

Phase 2：
経営トップのコミットメント
経営層は、基本理念を理解、遵守するとともに積極的に推進し、報告体制を整えることで確実に実践できるようにする。

Phase 3：
トレーニング＆コミュニケーション
社内の主要なステークホルダー、従業員および契約社員、その他の第三者に対して、基本理念と関連する管理基準について教育を行う。加えて、影響評価、リスク評価、テストを実施するための研修を実施する。

Phase 4：
レッドチームと「消防隊員」
倫理的な問題の発生を未然に防ぐために「レッドチーム」を組織する。

Phase 5：
ポジティブな影響をもたらす倫理指標
ビジネス価値の創出が社会へのポジティブな影響となるような倫理指標を導入する。

Phase 6：
問題提起できる環境
特定の視点だけに凝り固まった、画一的な文化を避けつつ、建設的な反対意見を取り入れる仕組みを整備する。

出所：アクセンチュア

べ、研究とイノベーションは責任あるものでなければならないと説いている。

　ＡＩを活用・運用する企業や組織にとってＡＩ倫理委員会は、技術や関連分野に詳しい専門家だけではなく、倫理や法律、ブランドなどに詳しい多様な専門家やステークホルダーによって構成されるべき組織体であり、ＡＩの倫理的ガバナンスについてのあらゆる枠組みの基本構成要素と考えられる。倫理委員会は、ＡＩが関連するプロジェクト、プログラム、組織に対して必要な助言または承認を行う機能を担う。

　倫理委員会が関与する度合いは、

各プロジェクト・プログラム・組織の規模や目標によって大きく異なる。私たちはさまざまな業種からなる9つの機関がとったアプローチを調査し、①ミッションステートメント、②委員会の権限、③委員の構成、④中央集権的ガバナンス、⑤明文化された手続き、⑥会議の運営方法、の6つの基準に整理した。

◆**ミッション・ステートメント**：倫理委員会の存在意義を示した声明。委員会の価値観や重視すること、またはその能力を伝えるもの。

◆**委員会の権限**：倫理委員会の権限と監督の範囲。

◆**委員の構成**：倫理委員会において必要とされる委員の数やその構成比率。メンバーの構成は多様性を確保することが重要である。構成委員の男女比・人種比、複数の専門家および科学・非科学両方からのメンバーの参画、特定の組織に属さないメンバー（例えば消費者など）の加入を検討しなければならない。また、倫理委員会の構成は誰の意見を反映しやすいのか、特定のグループの意見が過度に反映されていないか、などにも影響するため注意する必要がある。

◆**中央集権的ガバナンス**：倫理委員会の規模とその仲介機関が存在するかどうか。

◆**明文化された手続き**：倫理委員会のレビュープロセスと手続きの指針となる、重要な規制上の定義や運用上の詳細（委員会に提出する書類リスト、書類提出のタイムライン、委員会によるレビュー対象かどうかの判断基準など）の存在。

◆**会議の運営方法**：委員の出席状況の把握方法、開催方法やメンバーの補充・交代に関する手続き方法など。

倫理委員会には「**倫理審査委員会**」、「**倫理諮問委員会**」、「**データ研究審査委員会**」、「**製品諮問委員会**」の４つがある（図表２−21）。

◆**倫理審査委員会**（Institutional Review Board：IRB）：研究自体の倫理面を研究対象者の権利、安全、福祉などの観点で評価し、適切な措置が取られていることを確認、保証することをミッションとする。ＦＤＡ（米国食品医薬品局）などのように、人を対象にした研究に対しては倫理審査委員会の設置を義務付けている機関もある。委員の最低人数は５名であり、組織内の各部署のメンバーから構成、公開されている必要がある。組織外のプロジェクト、プログラムの審査が認められており、十分な議論を行うことが可能な専門家の参加が担保されていなければならない。手続きは明文化され、審査前に必要な関連資料を提出し、議題を共有しなければならない。また委員会実施後には議事録の作成が必須である。

◆**倫理諮問委員会**（Ethics Advisory Board：EAB）：倫理的ジレンマが発生した場合にプロジェクトやプログラムにガイダンスを提示することで研究の質の向上だけでなく社会的影響を正しく判断できるようにし、ＡＩ研究における倫理面の一貫性を保持することをミッションとする。委員会はプロジェクト進行において倫理基準が遵守されているかを定

図表2-21 「AI倫理」委員会の種類

	倫理審査委員会	倫理諮問委員会	データ研究審査委員会	製品諮問委員会
ミッション・ステートメント	研究対象者の権利、安全、福祉を保護するために適切な措置が取られていることを、事前に、また定期的な見直しによって保証する。	倫理的なジレンマが発生した場合にプロジェクトに指針を提示することで、研究の質を高めるとともに、社会的影響力を向上させ、一貫性を保つことを目指す。	安全性と透明性を重視し、データ使用における適切な状況と倫理的な公平性を担保する。	製品の倫理的かつ適切な適用を確実にする。
委員会の権限	米国では、FDA（Food and Drug Administration：米国食品医薬品局）が、人を対象とした研究に対して倫理審査委員会の設置を要求できる。 倫理審査委員会は、**研究を承認または否認する権限**を持ち、研究対象者の権利、安全、福祉を保護するうえで重要な役割を果たす。	プロジェクトにおける**倫理的なジレンマに対する指針を提示**。 監督機能を持ち、プロジェクトの特定トピックの**倫理基準が遵守されているかどうかを定期的にチェック**することができる。	研究に重点を置き、**社内ポリシーに準じて倫理的実践の指導**を行う。 委員会は、重大な倫理違反が確認された場合に**プロジェクトを終了させる権限**を持つべき。	製品に焦点を当て、委員会の中核を成す**価値観または理念に則った倫理的実践の指導**を行う。 委員会は、重大な倫理違反が確認された場合には、**プロジェクトを終了させる権限**を持つべき。
委員構成	**少なくとも5人**の委員が必要。 委員は**組織内の各部署のメンバーで構成**され、公開されなければならない。	**少なくとも5人**の委員が必要で、法律、データ保護／プライバシー、研究倫理における**社内外の専門家で構成**されていなければならない。 同様に、プロジェクトの特定トピック領域における倫理問題の評価に実務経験を持つ専門家で構成されている必要がある。	企業によってさまざま。 **社内メンバーで構成**されており、公表しない場合もあり得る。	企業によってさまざま。 ほとんどの場合公開されており、**社内外のメンバーを含めた多様な専門家で構成**される。
中央集権的ガバナンス	企業外のプロジェクトを審査することが認められているが、多様で専門的な議論に応えられる専門家の参加が担保されている必要がある。	ヨーロッパにおいては、欧州委員会から資金提供を受けているプロジェクトのみを審査。	（組織の規模、構成、および既存のガバナンスの枠組みによって大きく異なる）	（組織の規模、構成、および既存のガバナンスの枠組みによって大きく異なる）
明文化された手続き	毎月開催。 委員会の審査に先立ち、遅くとも直前の会議に関連資料を提供する必要がある。	企業によってさまざま。 年に複数回開催。	（組織の規模、構成、および既存のガバナンスの枠組みによって大きく異なる）	（組織の規模、構成、および既存のガバナンスの枠組みによって大きく異なる）
会議の運営方法	企業によってさまざま。 事前の議題共有と議事録の作成が必要。	企業によってさまざま。 対面の会議が推奨される。	（組織の規模、構成、および既存のガバナンスの枠組みによって大きく異なる）	（組織の規模、構成、および既存のガバナンスの枠組みによって大きく異なる）

出所：アクセンチュア

期的にチェックする監督機能を有する。委員は法律、データ／プライバシー保護、研究倫理分野における組織内外の専門家5名以上で構成されている必要があり、倫理問題の評価については実務経験を持つ専門家が参画していなければならない。欧州では倫理諮問委員会は欧州委員会から資金提供を受けているプロジェクトのみを審査している。

◆**データ研究審査委員会（Data Research Review Board）**：安全性と透明性の実現に向けて、データにおける適切な取り扱いと倫理的な公平性を担保することをミッションとし、企業・組織のポリシーに準じて倫理面での指導を行う。重大な倫理違反が確認された場合にはプロジェクトを終了させる権限も有する。

◆**製品諮問委員会（Product Advisory Board）**：ＡＩの製品への倫理的かつ適切な適用を確実にすることをミッションとし、製品に焦点を当て委員会の中核をなす価値観または理念に則った倫理的実践の指導を行う。委員会は重大な倫理的違反が確認された場合にはプロジェクトを終了させる権限を持つべきである。委員会メンバーはほとんどの場合公開されており、組織内外のメンバーを含めた多様な専門家で構成される。

「ＡＩ倫理」に関しての世界的な動向を踏まえ、ＮＥＣ、富士通、富士フイルム、ソニーなど国内企業でもＡＩに関する倫理指針の策定が進められている。またこうした動きは大手企業だけでなくベンチャー企業でも見られるようになっている。これら日本企業における具体的な実施内容等については後述する。

フェーズ2：経営トップのコミットメント

経営層は組織内の既存ガバナンスの仕組みと組織文化に基づいてコンプライアンスの枠組みを構築する必要があり、すでに組織内に強固なコンプライアンスの仕組みがある場合は、ＡＩの倫理的ガバナンスの構築も容易となる。倫理的ガバナンスを推進していくうえでは特に組織文化との整合は重要であり、従業員が「ＡＩ倫理」を他人事ではなく自分事としてとらえられているかどうかが実効性に大きく影響する。

組織の取り組みが「ＡＩ倫理」に反する行為だと判明した際に、関与している従業員が会社・上司・同僚からの報復を恐れることなく躊躇せずに報告できる文化を醸成することが、「責任あるＡＩ」実現に向けた強力な倫理文化となる。こういった倫理文化は既存の組織文化に依存することが多いため、あらかじめそのようなガバナンス上の仕組みや組織文化があればそこに「ＡＩ倫理」を無理なく適用できるのである。

経営層としてコミットすべき点は以下の3つである。

◆基本理念の実装：基本理念の定義に基づき倫理的コンプライアンスの枠組みを拡大する方針を作る。その後、基本理念を浸透させるために従業員を対象とした研修などの教育プログラムを実施する。

◆報告体制の構築：既存のガバナンスの仕組みの中にＡＩに関する倫理的問題についての

報告体制を構築する。既存の仕組みで不十分と思われる場合には新たな報告体制の確立が必要になる。また組織として統制の取れた形で倫理的問題が上がってこない場合もある。そのような場合に備えて、いつでも反対意見を表明できる窓口を用意するとよい。

◆基準の履行：組織に倫理的な文化を根付かせるためには、倫理委員会によって規定された研究、設計、開発、テストの基準を経営層が積極的に実施する必要がある。これはすなわち経営層自身がこれらの活動を推進するための十分な研修、基準、ツールを整備していなければならないことを示している。

ＡＩにおいてはＥＳＧの観点が経営戦略上重要となりつつあることは先に述べたとおりであるが、組織内で倫理ガバナンスをいかに構築するかは、今後、企業価値を判断するうえでのポイントになっていくと想定され、企業価値向上の実現にあたっては、倫理ガバナンス構築に対する意識改革とコミットメントを、経営層から行うことが必要なのである。

フェーズ３：研修とコミュニケーション

「責任あるＡＩ」に関する研修は、経営層が策定した指針・プロセスに関する研修、リスク評価や影響評価ツールに関する研修、ＡＩ／機械学習に関する研修などを組み合わせたものになる。研修に取り入れるべき自組織のＡＩに対する倫理的ニーズを理解するためにはギャップ分析を行うとよい。ギャップ分析を通した倫理的ニーズの理解、組織内での「ＡＩ倫理」文化の醸成、その一環としての研修については次章（Ａｐｐｒｏａｃｈ４）で詳しく述べる。

フェーズ４：レッドチームと「消防隊員」

ＡＩへのアルゴリズミック・バイアスの混入やＡＩ／機械学習の倫理に反する製品適用によりもたらされる社会的な影響を「火事」と想定してみよう。火事は自分だけでなくその周辺の家屋にも被害を及ぼすように、ＡＩの問題は自社が関係するパートナー企業・組織にも影響を及ぼす可能性がある。

例えば顔認識ＡＩを取り上げよう。ＭＩＴメディアラボのジョイ・ブオーラムウィニらの研究プロジェクト「Gender Shades」[51]は２０１８年、ＩＢＭ、マイクロソフト、Face＋＋の性別分類システムにおいて、肌の色の黒い女性と肌の色の白い男性との間で認識率に大きな差が見られることを報告している。２０１９年には米国立標準技術研究所（ＮＩＳＴ）も99社１８９の顔認識アルゴリズムを検証し、白人に比べて黒人やアジア系などの顔画像の誤認識率が10倍から１００倍大きいとの結果を報告している。

顔認識システムの認識率に人種間で差があることはこうした研究を通して報告されており、実際に顔認識ＡＩの誤認識が原因と思われる誤認逮捕も２０２０年1月に米国デトロイトで発生してしまっている。そして、２０２０年5月25日の黒人ジョージ・フロイド氏の警官による暴行死をきっかけにして、人種間不平等に関する抗議活動（Black Lives Matter）が起きている。

このような流れを受けて、ＩＢＭは人種間での平等な警察権行使を推進するため、顔認識技術の提供を中止すると発表した。アマゾンも画像認識ソフトウェアAmazon Rekognitionの警察への提供を1年間停止すると当初は発表していたが、２０２１年5月に方針転換し、販売自主規制を無期限に延長するとしている。

ＡＩのバイアスの問題が自社だけにとどまらずそれを利用する組織の活動（ここでは警察権の行使）に影響し、それが社会にも影響（ＡＩの誤認識による誤認逮捕）を及ぼす可能性があることを考えると、火事を迅速に発見し消火することが非常に重要であることを如実に表している例だといえる。

また、ＡＩによる警察権行使の支援について触れたが、最近の研究で興味深い報告があったのでここで紹介したい。逮捕記録のように警察が保有しているデータを基にしてアルゴリズムやモデルを構築すると人種差別的なバイアスが混入することが知られている。警察が黒人や人種的マイノリティーを逮捕する頻度が高いからである。これを踏まえ警察による偏見の影響を受けない、被害届のデータを使って予測捜査をする動きも出始めている。

ところがこの被害届のデータにもバイアスが混入してしまう。カーネギーメロン大学のニル・ジャナ・アクピナール氏らの研究[52]によると、被害届のデータを使って独自の犯罪予測アルゴリズムを構築し、実際の犯罪発生データと比較したところ、予測結果に地域的な偏りが認められたということだ。他の先行研究では、社会経済的に貧しい地域では軽微な犯罪に対する被害届の提出率が低い（犯罪の深刻さに対する認識が影響している）点や、地域による年齢、性別、人種構成の差が被害届の提出率に影響している（黒人の方が白人よりも被害届を提出される可能性が高いなど）点が指摘されており、そうした地域的な要素に影響されたバイアスが被害届のデータにも含まれてしまっている可能性が高い。

この研究は、バイアスの回避が一筋縄ではいかないことがあるということを示唆している。このようにリスクは思わぬところから忍び寄るので、リスク発生（火事発生）を前提にして、常に監視することが求められるのである。

この場合の望ましいアプローチは、「消防隊員」が火事の発生前もしくは初期段階で、注意すべき問題を確実にエスカレーションするというスキルをチーム内に組み込むことである。これにより、「消防隊員」が早期に現場の安全確保のために必要なアクションを取る、もしくは現場に取らせるよう指導することが可能になるのである。これを実現するために重要なポイントは3つある。

◆「消防」と規制に関する専門知識：実際の消防隊員には火災に関する専門的な知識と消防のスキルが求められるが、それと同様にＡＩの倫理的ガバナンスにおける「消防隊員」も適切なトレーニングを受け、影響評価およびリスク評価を行うツールと、それを使いこなすスキルが必要になる。これらの知識とスキルを駆使することで「消防隊員」は、アルゴリズムに潜むバイアスや、ＡＩ／機械学習の倫理に反する適用を特定することができるようになる。彼らの主な仕事は現場の手に負えなくなった「火事」を消火し後始末をすることだけでなく、警報プロセスに従い「火事」を予防する、または初期消火を行うことも含まれるのである。

一方、開発チームはデータサイエンスの知識やスキルだけでなく、コンプライアンスについても十分な知識を持つ必要がある。定期的なコンプライアンスの研修だけでなく、開発の段階からコンプライアンスの専門家に参画してもらったり、レビューを受けたりすることが、開発チームにコンプライアンスの知識が蓄積することにつながっていく。こうしてあらゆる角度から結果を分析できる知識とスキルを身に着け、ＡＩに潜むリスクについての感度を高める必要があるのである。

◆**誤報を恐れない：**発見が遅れ制御不能の状態に陥るよりも誤報の方がはるかにリスクが低いことを理解し、開発チームが警報をならすことを躊躇しないよう奨励する必要がある。たとえ誤報であったとしてもその原因を正しく分析し、より正確にリスクを予測できるよう消防隊員や開発チームにフィードバックすることで、チームはより多くの経験を獲得しリスク予測の能力を強化することができる。「責任あるＡＩ」の実現にはこうした誤報を恐れない文化と組織全体でのフィードバックループの存在が重要なのである。

◆**「レッドチーム」の存在：**「レッドチーム」とはテクノロジー業界ではサイバーセキュリティに広く適用されている軍事上の概念である。レッドチームは潜在的な脆弱性や見過ごされていたリスクを特定して組織を改善することを目的に設置されるものであり、従業員や競合他社、その他の人々が自社のサービスに持つであろうセキュリティ上の問題意識を予測し、テストのコンセプトや項目などについて独立した立場から公平かつ批判的な視点でレビューや分析を実施する。

　このレッドチームの概念はＡＩ／機械学習のガバナンスにおいても極めて有用で、日進月歩で進化するＡＩ技術にも適用できる。目覚ましい速度で進歩、発展を続けるＡＩ／機械学習は無限ともいえる可能性を有するが、同時に意図しない結果を生む可能性も同じくらい無限大である。ＡＩ／機械学習の効果のポジティブな面だけでなく、そのコンセプトや影響、テスト方法について公平かつ批判的にレビュー、分析するレッドチームの存在はＡＩの倫理的ガバナンスの中でも重要なチームといえるだろう。

　ＡＩガバナンスには倫理面での監査を行う組織が必要という話をしてきたが、最近この分野で興味深い動きが出てきたのであわせて紹介しておきたい。ＡＩモデルの倫理的な監査を支援するスタートアップ企業の出現である。筆者の元同僚で、アクセンチュアで「責任あるＡＩ」の推進を担当していたラマン・チョードリー氏が立ち上げたパリティ（Parity）という会社は、クライアントに対してＡＩモデルの監査方法の決定を支援するためのツールセットを提供している。クライアントはそのツールを使ってバイアスの有無の分析なのか、法令遵守の確認なのかを決定し、パリティはそれに基づきリスク軽減のためのアクションを提示する。

アクションの中にはバイアスを低減するための施策も含まれ、ＩＢＭのAI Fairness 360などをはじめとするオープンソースのフレームワークやツールも提供しているという。このようなスタートアップは複数存在し、これからも増えそうな気配がある。前述の消防隊員あるいは開発チーム、レッドチームと連携するシーンも増えてくるのではないだろうか。

フェーズ５：ポジティブな影響をもたらす倫理指標

国連が２０１６年に発表した17の持続可能な開発目標（ＳＤＧｓ）は、政府・企業・民間団体が協力し、人々と地球のために包括的で持続可能かつ回復力のある未来を構築するという人類共通の使命を果たすことを目的としており、市民レベルでもその価値観は浸透してきている。

　こうした流れは消費者の意識改革にもつながっており、消費者はこれまで以上に自分と同じ価値観を持つブランドを選択するようになってきているのはこれまでに述べたとおりである。実際、世界的な消費者調査によると対象者の62％は企業に対して「自分が強く関心を持つ課題について行動を起こしてほしい」と望んでいると回答している。

　帝国データバンクによる２０２０年の調査[53]によると、ＳＤＧｓに取り組んでいる企業の総資産利益率（ＲＯＡ）と自己資本利益率（ＲＯＥ）は調査回答企業全体よりも高い傾向にあったとされており、ＳＤＧｓは単なる努力目標ではなく企業において収益に結び付ける必要のある経営課題となっていると見ることもできる。

こうしたことからわかるように、企業は組織が社会に与える倫理的な影響力と、消費者が関心をもつ社会課題に対する組織のブランドの影響力について、より深く考えていく必要があるのである。倫理的な姿勢が組織文化として根付いている組織のブランドは、消費者からの信用と信頼を勝ち得ており、倫理指標をブランドに反映させるためには企業文化の中で「倫理」が最優先である必要がある。一方、倫理面への取り組みに対する評価が自社・自組織に対して甘く、過大評価されていないかどうかにも注意を払うべきであり、倫理指標として明確な基準を用意し、それをもとに公平かつ自己批判的に判断すべきである。

フェーズ6：問題提起できる環境

組織内外を問わずだれでも問題を提起できる窓口は、組織のガバナンスフレームワークの中で重要な役割を担う。なぜならばこうした窓口は通常のコミュニケーション以外の方法で問題を提起できる方法となるからである。この窓口の設置とそこに寄せられる意見をどのように扱っていくのかは組織内の文化にも影響される。したがってこのような組織における倫理面での検討環境については次章の組織・人材面での対策で詳しく述べたいと思う。

ここでは、ＡＩにおける倫理的ガバナンスを実現するための組織内でのエコシステム構築について述べた。ＡＩのガバナンスのためにはその倫理面を監査する組織が必要なことは間違いないが、単に組織を作るだけではなく経営層のコミットメントと従業員・関係者の関与、およびそれを促す企業文化の醸成が重要であり、また早期警戒・対応のための消防団員・レッドチームなどを設け、組織一丸となって取り組まなければならない。こういった倫理面での取り組みが消費者の価値観とも整合すると、企業価値・ブランド価値の向上につながっていくのである。

日本企業で導入が広がるAIガバナンス

日本企業においてもＡＩガバナンスを強化する動きが出てきている。ここではいくつかの企業におけるＡＩガバナンスの動向や現状について触れたい。前節で述べたＡＩガバナンスのロードマップと比較しながら各社の取り組みを参照されると、今後の自社のとるべき施策について参考になろうかと思う。以下に記載の情報は、２０２１年３月時点で公開されている各企業からのプレスリリース等の情報をまとめたものである。

ソニー

▼２０１８年９月、ソニーのすべての役員および従業員がＡＩの活用や研究開発を行う際の指針を定義した「**ソニーグループＡＩ倫理ガイドライン**」を公表。ソニーにおけるＡＩ活

用を以下と定義している。

◆ソニーがＡＩを利用した商品・サービス（エンタテインメントコンテンツや金融サービスを含む）を提供すること。

◆研究開発、製造、サービスの提供、間接業務などソニーの事業におけるさまざまな業務でＡＩを利用すること。

またこのガイドラインにおいて「ＡＩ」とは、データに基づく機械学習や何らかの手法で抽出したルールや知識により具現化される機能またはその機能を実現するための技術であり、知的と感じられるさまざまな目的のために情報処理を行うものと定義している。

２０１９年３月１日のガイドライン改定版においては、「豊かな生活とより良い社会の実現」、「ステークホルダーとの対話」、「安心して使える商品・サービスの提供」、「プライバシーの保護」、「公平性の尊重」、「透明性の追求」、「ＡＩの発展と人材の育成」についてガイドラインを提供している。

▼ソニーグループＡＩ倫理ガイドラインに基づいて社会的・倫理的妥当性を確認し、多様な視点から審査する機関として、**ソニーグループＡＩ倫理委員会**を設置。また、同ガイドラインを実践するために、**社内教育・啓発**や**アセスメント体制・プロセス・ツールの整備**を実施している。

▼２０２１年春からはＡＩを使うすべての製品について倫理面での安全性審査を実施予定。

不適切と判断された製品は**基準に合うよう改善、または開発を中止**することも可能。

日立製作所

▼２０２１年２月22日、Lumada（同社のソリューション・サービス・テクノロジーの総称）を中核とし推進している社会イノベーション事業において、ＡＩを利活用するための「**ＡＩ倫理原則**」を策定し、ウェブで公開している。このＡＩ倫理原則では、ＡＩの計画・社会実装・維持管理の３つのフェーズにおける行動規準と、すべてのフェーズに共通する実践項目を定めている。

◆行動基準は「持続可能社会実現のためのＡＩ開発・利活用を計画」、「人間中心の視点でのＡＩの社会実装」、「提供価値が長期間にわたり持続するよう、ＡＩを維持管理」である。

◆実践項目は、「安全重視」、「プライバシー保護」、「公平性実現」、「適正開発・利活用」、「透明性・説明責任重視」、「セキュリティ重視」、「法令遵守」の7項目である。

▼ＡＩ倫理原則を運用するために、Lumada Data Science Lab. の**専門チーム**において、実際のシステムへの適用に向けて倫理原則に沿った事前評価などの支援やチェックリスト・関連ドキュメントの整備および**社内教育**を実施。専門チームの運営においては、日立内の**プライバシー保護諮問委員会**とＡＩ倫理コンサルティングを展開している日立コンサルティ

ングのメンバーも参画。

▼ＡＩ倫理に関する取り組みを客観的に評価し、より良い運用を図るため、外部有識者から構成される**ＡＩ倫理アドバイザリーボード**も設置。

ＮＥＣ

▼２０１９年４月、ＡＩの社会実装や生体情報をはじめとするデータの利活用において、プライバシーへの配慮や人権の尊重を最優先して事業活動を推進するための指針として、「**ＮＥＣグループ ＡＩと人権に関するポリシー**」を策定。そのポリシーは「公平性」、「プライバシー」、「透明性」、「説明する責任」、「適正利用」、「ＡＩの発展と人材育成」、「マルチステークホルダーとの対話」の７項目からなる。

▼企画・設計段階から人権尊重の考え方を組み込むための研究、商品開発やＮＥＣグループ社員の意識向上にも取り組んでおり、外部有識者を招いた**社内セミナー**を定期的に開催。

▼２０１９年度からは、ＡＩの社会実装とパーソナルデータの利活用に関する外部有識者から構成される「**デジタルトラスト諮問会議**」を設置。

ＮＴＴデータ

▼２０１９年５月、人間とＡＩが共生する「より豊かで調和のとれた社会（以下：ＡＩ社会）」

の実現に貢献するため、ＮＴＴデータグループの取り組み姿勢をまとめた「**ＮＴＴデータグループＡＩ指針**」を策定。ＡＩ指針では「持続可能な幸福社会の実現」、「共創による新しいＡＩ価値の創出」、「公正で信頼できる説明可能なＡＩ」、「安心安全なデータの流通」、「ＡＩを健全に普及させる活動の推進」の5つを定めている。

▼「**AI CoE（Center of Excellence）**」を中心に、顧客向けのＡＩ倫理に関するアセスメントや方法論を体系化した「**AI Ethics Framework**」を整備。ガバナンス、アルゴリズム、オーガニゼーション、ソサイエティそれぞれの観点での確認事項をフレームワークとして整理したもの。

▼２０２１年4月19日には、社会デザイン・ソフトウェア工学、法務・倫理、レジリエンス・ＳＤＧｓなどさまざまな分野の見識を持つ社外有識者からなる「ＡＩアドバイザリーボード」を設置。ＡＩアドバイザリーボードでは、（１）ＡＩに関与するＮＴＴデータ幹部層との意見交換、（２）ＡＩに関与する実務層向けの勉強会、を実施する。

富士通

▼２０１９年3月、ＡＩ倫理への取り組みを具体的かつわかりやすい形で表した「**富士通グループＡＩコミットメント**」を発表した。欧州有識者会議AI4Peopleと連携し、提唱されているＡＩ倫理原則に則ったうえで、富士通の主要ステークホルダーである顧客、人、社

会、株主、社員に向けたメッセージとしている。原則は「与益」（ＡＩは人と共同体の幸福・福利のために設計・開発されなければならない）、「無危害」（人に危害を加えてはならない）、「人の自律」（ＡＩシステムよりも人の判断や決定が上位に位置）、「正義」（ＡＩの負の側面が特定の人や集団に偏らない）、「説明可能」（ＡＩの下した根拠がわかりやすく説明されること）の５つを定めている。

▼**「富士通グループＡＩ倫理外部委員会」**を２０１９年９月に設立。外部有識者として、倫理・法律を含む人文・社会科学の専門家、ＡＩ技術を含む自然科学の専門家を招いて議論を実施している。

日本ユニシス

▼２０２０年２月、日本ユニシスグループとしての**「ＡＩ倫理指針」**を公開し、今後の技術開発においてＡＩ適用の際に守るべきことを公表している。指針には「ＡＩシステムを社会に浸透させるための応用技術開発と人材育成」、「適正な範囲及び方法での人との役割分担」、「人間の尊厳と個人の自律の尊重」、「ステークホルダーに対する説明責任」、「生命・身体・財産に危害が及ばない」、「セキュリティの確保」、「プライバシーが侵害されない」、「ＡＩの判断にバイアスが含まれる可能性があることを認識し、個人及び集団が不当に差別されないよう配慮」、「検証可能性及び判断結果の説明可能性」などが含まれている。

▼ＡＩ活用をめぐっては生命倫理が関係することも踏まえ、「**生命科学研究倫理審査委員会**」を構築して対応している。

沖電気工業

▼２０１９年５月からＡＩに関する社内環境の整備を推進する全社横断のプロジェクトを立ち上げて、倫理および契約、品質、人財育成、データ活用の各観点から検討を行い、同年９月に「**ＯＫＩグループＡＩ原則**」を制定した。「人権の尊重」、「説明と透明性」、「対話と協調」、「安全およびデータの取扱い」、「人財育成」の５つの原則を定めている。

野村総合研究所

▼２０１９年10月、野村総合研究所（ＮＲＩ）グループにおいて、ＡＩの開発や利活用を行う際の考え方や指針をまとめた「**ＮＲＩグループＡＩ倫理ガイドライン**」を策定した。ガイドラインは「ステークホルダーとの対話・共創の推進」、「ＡＩの発展と人材の育成」、「公平性の尊重」、「安全性・セキュリティの担保」、「データとプライバシーの保護」、「透明性の確保」の６項目を定めている。

富士フイルム

▼２０２０年11月、研究・開発、生産、販売・マーケティングをはじめとする企業活動全般において、ＡＩを有効かつ適切に活用するための指針として、「**富士フイルムグループＡＩ基本方針**」の策定を発表。基本方針の骨子は「新たな価値創出を加速」、「人権の尊重」、「公正な利用」、「情報セキュリティの管理」、「透明性の確保」、「人材の育成」となっている。

ABEJA

▼２０１９年７月、ＡＩに関する課題について外部の有識者が倫理、法務的観点から討議する委員会「**Ethical Approach to AI**」（ＥＡＡ）を設立した。社内のコンプライアンスにかかわるテーマのうち、「ＡＩの法務・倫理」に関する事項に関して同委員会で議論する。客観性、独立性を担保するため全員、外部識者で構成するとしている。

このように日本企業においてもＡＩの倫理原則の策定や外部委員会の設置、教育などを通した社内啓蒙活動などが活発に行われるようになってきている。日本におけるＡＩ導入の経済効果の伸びしろは大きいだけに、こういったＡＩガバナンスを整備したうえで人財開発も含めていかに企業の成長戦略を描くのかが今後ますます重要になっていくだろう。

Approach 4

組織・人材に「ＡＩ倫理」を根付かせる

Approach 4 のポイント

- 経営層・ビジネスメンバー・データサイエンティストのそれぞれに対しての研修が求められる。
- 研修は企業のＡＩ倫理ガイダンスと整合するものでなければならない。
- 同時に、企業文化においては異議を唱えられる環境・風土を醸成することが重要である。その点において、組織ではダイバーシティが今後ますます重要になってくる。
- こうしたさまざまなステークホルダーの観点を入れたうえでのＡＩ開発が今後求められれ

てくる。

研修プログラムとコミュニケーション

ＡＩの倫理的ガバナンスの実現のためには組織という「器」を作るだけでは不十分であり、その理念・意義について理解しているという「魂」が必要である。ガバナンスに「魂」を込めていくためには十分な研修プログラムとコミュニケーションが欠かせない。

この章では初めに組織内に求められる研修プログラムについて述べる（図表2-22）。

「責任あるＡＩ」の実現にあたって必要となる研修はＡＩの倫理的ガバナンスと整合が取れている必要があり、そのうえで経営層、ビジネスメンバー、開発メンバー向けにそれぞれ異なるプログラムを用意しなければならない。経営層向けの研修では、「責任あるＡＩ」の基礎知識、ＡＩモデルの開発プロセス概要、ガバナンスルールやリスク低減のための考え方や方法、エスカレーションについてが主要な内容になる。ビジネスメンバー向けには業務向けに、より詳細な内容の研修となる。

ＡＩモデルの開発プロセス全体を通して「責任あるＡＩ」実現に求められる個別の要件、基準、

図表2-22 レベル別の「責任あるAI」研修

経営層、ビジネスメンバー、開発メンバーのそれぞれに対する研修が求められる。

	Level 1	Level 2	Level 3
役割	経営層	ビジネスメンバー	開発メンバー
概要（例）	「責任あるAI」における基礎知識、モデル開発プロセス、ガバナンスルール・方法について、概要を理解するための研修	モデル開発プロセス全体を通じて、「責任あるAI」に求められる個別の要件・基準を理解し、問題があったときの対応方法を学ぶためのオンライン研修	モデル開発プロセスの一つ一つに求められる「責任あるAI」ガイドラインの内容を深く理解するための研修 「責任あるAI」コーチの役割と責任、及び問題が生じたときのエスカレーションプロセスを学ぶための研修
研修内容（例）	・「責任あるAI」用語、基礎知識 ・「責任あるAI」ガバナンスルール・方法 ・リスク軽減のための考え方・対応方法 ・エスカレーション方法	・「責任あるAI」用語、基礎知識 ・データ・バイアスの概要・対応方法 ・モデル・バイアスの概要・対応方法 ・「責任あるAI」ガイドライン・研修の概要 ・AI開発プロセスにおけるアセスメントの方法	・「責任あるAI」用語、基礎知識 ・モデル・バイアスの識別 ・モデルの解釈可能性 ・「責任あるAI」コーチの概要・役割 ・AI開発プロセスにおけるアセスメントの方法 ・エスカレーション方法

出所：アクセンチュア

図表2-23　AI導入企業においての倫理研修の実施状況

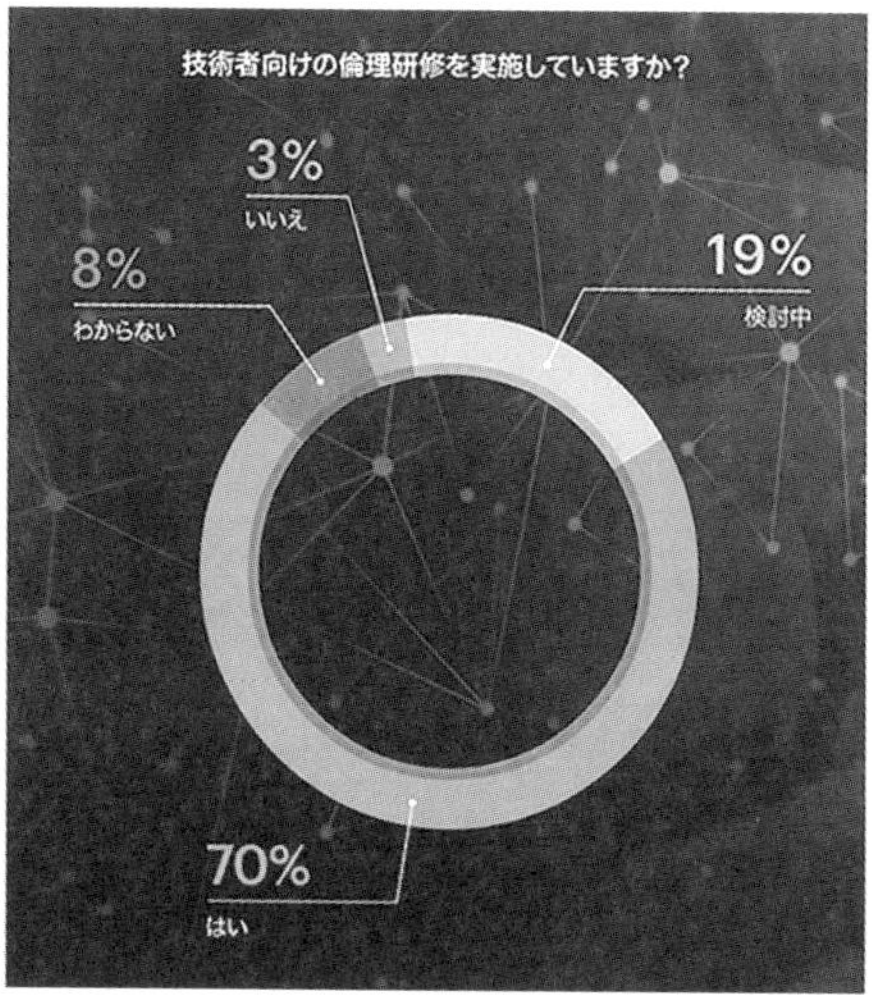

出所：SAS、アクセンチュア、インテル、フォーブス・インサイツによる調査、2018年

データやモデルのバイアスとそのリスクの概要を理解するとともに、ＡＩの影響に関するアセスメント方法や問題があったときの具体的な対応方法について学ぶ。開発メンバー向けの研修では、データやモデルに存在するバイアスをどのように識別するか、モデルの説明可能性・解釈可能性の検証方法など各種の技術的アセスメント方法と問題があった場合のエスカレーション方法を学び、ガイドラインを実践するための具体的手法とメトリクスを習得する。

開発メンバーに対するこうした研修を通して一定レベル以上の知識とスキルを取得したと認定されたメンバーは「Responsible AIコーチ」として、ＡＩ

プロジェクトの助言役として任命することもできる。

例えば、ＡＩプロジェクトとして申請する際には他部門の「Responsible AIコーチ」を指名しなければならないなどのルールを設け、「Responsible AIコーチ」が開発の早い段階から参画しアドバイスを行ったり、場合によっては公平かつ批判的にチェックしたりするなどの活動を推奨すれば、ＡＩモデル開発において混入しうるバイアスなどのリスクを早期に発見し、適切な対策をとることが可能となる。これはまさに前章（Ａｐｐｒｏａｃｈ３）で述べた消防隊員を巻き込んだ活動といえる。

２０１８年のＳＡＳ、アクセンチュア、インテル、フォーブス・インサイツの調査[54]によると、ＡＩを導入している企業（調査対象企業の72％）のうち、70％が技術者向けの倫理研修を実施していた。検討中も含めると実に90％に達する（図表2－23）。

さらにこの調査において、自社のＡＩ導入について「成功している」または「非常に成功している」と回答したＡＩ先進企業の92％が「技術者向けの倫理研修を実施している」と回答した一方、ＡＩ導入の効果が出ていない企業では48％であった。このようにＡＩ導入についての成否が倫理研修の実施の有無と大きな相関関係があるというのは興味深い結果であるといえる。

問題提起できる環境

「責任あるＡＩ」を実現するためには企業・組織内での倫理観、「ＡＩ倫理」の存在が不可欠である。こうした「ＡＩ倫理」を醸成していくためには前述のような研修だけでは不十分であり、組織内のメンバーが自信をもってその「ＡＩ倫理」に基づいて行動できるよう後押しできる環境になっていなければならない。組織内のメンバーが自信をもって懸念を表明できるようになるために、次のようなポイントが重要になる。

●**画一的文化の回避**：すべての組織は特性や考え方、意思決定の方法などで画一的な文化を形成してしまう。このような傾向は組織運営の効率化の副産物として生まれたものであるが、時として反対意見を言いにくい環境であることも多い。ＡＩにおける研究、開発、設計、適用のそれぞれに関して皆が問題意識を共有するとともに反対意見の表明を促進、奨励することが肝要である。

●**インクルーシブデザイン**：デザインプロセスにおいては具体的なユーザー像（ペルソナ）を想定し、そのペルソナがどういうことを感じ、どんな行動をしているかなどを観察や分析などを通して明らかにしていく工程があるが、この場合ペルソナに合わないユーザーに対する検討が漏れてしまう可能性がある。近年注目されているインクルーシブデザインとは、これまで検討から除外していたユーザーも含めて多様な視点を取り入れ、デザインのアウトプットに活用していく手法である。

この手法は「責任あるＡＩ」においてのＴＲＵＳＴの原則を検討・検証するうえでも極めて有効である。ＡＩソフトウェアの開発ライフサイクルにこのようなデザイン思考を組み込み、多様な視点からの意見、特に反対意見を奨励する場とするとよい。

▼先に述べた２０２０年７月に開催された機械学習に関する国際学会ＩＣＭＬ（International Conference on Machine Learning）において初めて開催されたワークショップ「機械学習の参加型アプローチ[55]」はまさに研究レベルでのインクルーシブデザインといえる。

●**建設的な反対意見の窓口**：建設的な組織文化を形成するためには、新入社員や部外者であっても反対意見があればいつでも表明できるような仕組みが必要となる。そのためには明確でアクセスしやすい窓口を設置すべきである。

ここまでは「責任あるＡＩ」の実現に向けて必要となる研修プログラムについてと、「ＡＩ倫理」に基づいて懸念を表明できる組織文化をどのように醸成するかについて述べた。

具体的事例を用いた演習

最後に前章（Ａｐｐｒｏａｃｈ３）と本章（Ａｐｐｒｏａｃｈ４）の内容を踏まえ、具体的な事例で演習をしてみよう。以下の事例（裁判前のリスク評価ツール）に対して「倫理委員会」、「研修とコミュニケーション」、「経営層のコミットメント」、「レッドチームと消防隊員」、「ポジティブな影響をもたらす倫理指標」、「問題提起できる環境」の各ポイントについて現状と、前章と本章で述べたあるべき姿とのギャップ分析を行い、求められる対策例を挙げてみていただきたい。

事例はその背景もわかるように詳細に記載している。こうしたシミュレーションを行うだけでもＡＩに対して倫理的ガバナンスの観点で考慮できるようになっていることに気づくはずである。

事例　ＡＩによる裁判前リスク評価ツール

概要

●本ツールは被告人に対して、裁判所に出頭しなかったり、裁判を待っている間に再犯するリスクレベルを予測したりするためのツールである。米国のさまざまな管轄区域をまたいで、犯罪歴、薬物使用歴、学歴、年齢などのリスク要因から公判前にリスクを評価する目的で使用される。[56]

●２０１９年４月、ＡＩの研究団体「Partnership on AI」は、この裁判前リスク評価ツールがアルゴリズム上倫理的な欠陥を抱えていることを指摘する報告書を発表した。政府に対してもこれらのツールを活用する前に対処しなければならない追加要件が併せて提案されている。[57]

●この状況を踏まえ、当該ツールのガバナンスを総合的に分析し将来のあるべき姿を描くとともに、ツール提供企業に対しより倫理的なＡＩ技術のガバナンスを実現するためのロードマップを示したい。

倫理委員会

●現状：裁判前リスク評価ツールを開発している企業に対する倫理的評価と監視状況については一般に公開されていない。２０１８年には１２０の市民権団体が、ツールの開発と展開に適切な責任構造がないことによって適切な保釈の促進が妨げられると指摘しており、一般市民が監視できるよう透明性を確保し公開することを求めている。[58]

●あるべき姿：裁判前リスク評価ツールを開発する企業は、高い透明性を有するガバナンス体制の構築と、ＡＩ技術の可視化と説明責任の向上に努めるべきである。製品開発には多様な視点を取り入れ、組織の中で「リスク許容度」を評価指標として設定するべく、さまざまなステークホルダーを巻き込むべきである。ステークホルダーにはＡＩの専門家だけでなく、法律の専門家や法執行機関の人間、場合によっては犯罪歴のある人からも意見を聞く必要があるかもしれない。

研修とコミュニケーション

●現状：裁判前リスク評価ツールを開発する企業において、「責任あるＡＩ」実現のために必要とされる、設計、開発、モニタリング等の倫理的ガバナンスに関する研修状況は一般に公開されていない。

●あるべき姿：企業は「責任あるＡＩ」のための設計、開発、モニタリングについて従業員に研修を実施すべきである。例えばデータサイエンティストはデータセット内のバイアスを識別し、評価し、それを軽減できるよう研修を受けるべきである。経営層によって定義された基本理念とプロセスに基づき、研修の実施における優先度を設定すべきである。また、専門的な研修を実施し一定の知識とスキルがあると認定されたResponsible AIコーチにプロジェクトの進捗に合わせて適宜参加してもらうと同時に、インクルーシブデザインを実現するべく各フェーズで多様な関係者から意見を聴くなど、コミュニケーションを活発にする必要がある。

経営層のコミットメント

●現状：裁判前リスク評価ツールを開発する企業における基本理念と基準、およびその実践状況は一般に公開されていない。

●あるべき姿：経営層は倫理的なＡＩの設計・開発に関する方向性を定義し、その実践を促すべきである。これは明文化されていなければならない。また、裁判前リスク評価ツールが司法制度に活用されることを考えると、外部ステークホルダーとして政府、一般市民を加え、協調してガイドラインを策定すべきである。こうしたガイドラインは第三者によって検証可能となるよう一般にも公開することが望ましい。

レッドチームと消防隊員

- 現状：裁判前リスク評価ツールを開発している企業の中にはアルゴリズムが適正であると主張するばかりでモデルの監査とモニタリング手順について情報を開示しない企業が存在する。
- あるべき姿：企業はアルゴリズムの監査機能と監査のための標準化されたプロセスを持つべきである。また、モデルの訓練に使われているデータについても、その出自や規模、バイアスの有無などについて倫理的な観点での監査が必要である。開発チームが消防隊員とのコミュニケーションを密にとれるようプロセスを見直すと同時に、問題と脆弱性を指摘するレッドチームを設置すべきである。

ポジティブな影響をもたらす倫理指標

- 現状：裁判前リスク評価ツールを開発している企業の倫理指標は一般に公開されていない。
- あるべき姿：企業は自社の製品に適用しているＡＩの倫理指標について具体的に示すべ

きである。例えば、裁判前リスク評価ツールの精度が100%、すなわち裁判所に出頭しなかったり再犯するリスクが高かったりする被告人を100%確実に検出できること（要するに見逃し0%）を目標に設定した場合を考えよう。この場合、高リスクの被告人の検出精度に注視するあまり、リスクの低い被告人も高リスクと判断され不必要に拘留されてしまう可能性がある。以前、画像認識を使った危険人物検出システムのところでも述べたが、こうした精度においては偽陽性に注意しなければならない。目先の精度の高さとそれが倫理的に問題ないかというのは別問題として認識し、ポジティブな社会的影響をもたらすよう倫理指標を設定し、公開しなければならない。

問題提起できる環境

- 現状：裁判前リスク評価ツールを開発する企業においては、反対意見を提起するための窓口の設置状況は一般公開されていない。
- あるべき姿：企業は従業員をはじめ、あらゆるステークホルダーが倫理的問題を提起できる窓口を整備すべきである。

ここでは、裁判前リスク評価ツールという事例を使って現状とあるべき姿について考えてみたが、今度はぜひ自社・自組織のＡＩについて、「倫理委員会」、「研修とコミュニケーション」、「経営層のコミットメント」、「レッドチームと消防隊員」、「ポジティブな影響をもたらす倫理指標」、「問題提起できる環境」の観点でギャップ分析をしていただきたい。こうした分析を通して自分たちの倫理的ガバナンスを客観的に判断できるとともに、ギャップをメンバーで共有し改善策を議論することで組織における倫理的文化も醸成されていくのである。

リーダー企業になるためのチェックリスト

最後に「責任あるＡＩ」でリーダー企業になるためのチェックリストを用意した。現状を把握するためのチェックリストと、あるべき姿を構想するためのチェックリストである。このチェックリストを通して自社・自組織への認識を深めるとともに、「責任あるＡＩ」の実現に向けて具体的なビジョンと計画をもって一歩を踏み出していただくきっかけになれば幸いである。

現状を把握するためのチェックリスト

1．現在のガバナンス構造や枠組みはどのようなものか？
2．「ＡＩ倫理」に関するポリシーやプログラムの作成・改訂に関与し、また、製品やデータに関する研究チームに助言することが可能な、多様性がありかつ関連分野に精通した専門家がいるか？

3. 組織が重要視するビジネス上の価値観はなにか？
4. ＡＩ／機械学習、その他の新技術を活用するにあたって、長期の戦略目標は何か？
5. 現在のガバナンス構造の中で、「ＡＩ倫理」に関する新たなポリシーやプログラムを作成するためのプロセスにはどのようなものがあるか？
6. 既存の報告プロセスにおいて、従業員はどのようにして倫理に反する行為を報告することができるか？
7. 組織内で倫理に反する行為の報告を受けたとき、解決のためにどのようなプロセスが確立されているか？
8. 従業員に倫理的な行動を促すために、どのような研修や教育プログラムを用意しているか？
9. ①製品の設計・開発前、②サードパーティ製ツールを業務・組織内・顧客向けの製品に統合する前、③データに関して調査を実施する際に、現在どのようなリスク評価や影響評価を実施しているか？
10. 組織内の倫理指標を実践する責任者は誰か？
11. 設計、開発またはデータに関する調査の際に、現在どのような監査の仕組みを活用しているか？

12．建設的な反対意見を表明するにはどのような手段があるか？

組織のあるべき姿を構想するためのチェックリスト

1．ＡＩを倫理的に運用するためのガバナンスを組織の既存のフレームワークに組み込むにはどうすべきか？
2．自組織に最も適した倫理委員会はどのように構成すべきか？　外部から専門家を招聘する、外部に独立した倫理委員会を設置することで、大きな恩恵は受けられそうか？
3．ポリシーやプログラムの作成・改訂、製品の設計・開発、データについての調査に関して助言を受けるにはどのような分野の専門家が必要か？
4．基本理念には何を含めるべきか？　基本理念は組織の重要な価値観と整合しているか？
5．基本理念は、ＡＩをはじめとする新技術に関する長期の戦略目標を実現するために十分な柔軟性を備えているか？
6．既存のガバナンス構造の中で、ＡＩの倫理的なガバナンスを実現するための新たなポリシーやプログラムをどのように導入できるか？
7．従業員が倫理に反したＡＩ運用を自信をもって報告できるよう、どのような報告窓口を準備するべきか？
8．組織内で倫理に反するＡＩ運用の報告を受けたとき、解決に向けて従うべきプロセスはあるか？

9．倫理的なＡＩに関する組織内のポリシーについて従業員に教育するために、どのような研修や教育プログラムを準備、開発、推進すべきか？

10．アルゴリズミック・バイアスを特定し回避するために、どのようなツールを従業員に提供すべきか？

11．①製品の設計・開発前、②サードパーティ製ツールを業務・組織内・顧客向けの製品に統合する前、③データに関して調査を実施する際に、どのようなリスク評価や影響評価を実施すべきか？

12．倫理的なＡＩの設計、開発、データ研究に対して、どのようなベンチマークを参照すべきか？

13．組織内で倫理的なＡＩの設計、開発、データ研究の倫理指標を実践すべき責任者は誰か？

14．既存の監査の仕組みの中で、倫理的なＡＩ運用を実現するためのレッドチームはどうあるべきか？

15．建設的な反対意見を表明するにはどのような手段があるべきか？

なお、「責任あるＡＩ」の実現に向けたガバナンスガイドブック[59]を公開している（https://www.

slideshare.net/Accenture_JP/ai-accenture-japan）ので併せてご参照いただければ幸いである。

「責任あるAIの実現」に向けての心構え

モントリオールＡＩ倫理研究所が２０２０年10月に公表したレポート「The State of AI Ethics Report（October 2020）」[60]には、古代ギリシャ以来西洋において中心的となっている徳目、「枢要徳」について触れられている。

一つめの徳は**思慮**（Prudence）である。ＡＩガバナンスにおいて、思慮深さとは自分たちが作ろうとしているＡＩの影響とその限界を正しく理解し、従来の方法ではなくＡＩを使って問題を解決する、あるいはＡＩによって問題を解決することの機会費用（最大利益を生む選択肢とそれ以外の選択肢との利益の差）を評価できるということである。これはＡＩによる社会的影響を正しく認識できるという点で重要な徳目である。

２つめの徳は**勇気**（Fortitude）である。Ｐａｒｔ 2では、倫理的に見逃せない問題が発見されたとき、企業・組織にはそれを受け入れる窓口が必要であると説明した。しかしそういった窓口があろうとなかろうと、ＡＩに関わるものは誰でも倫理的な問題に気づいたら声を上げる勇気が必要である。そして企業や組織側でもそういった声に真摯に耳を傾け、問題がある場合には躊躇なく中止を決定できる勇気が必要である。

3つめの徳は**節制**（Temperance）である。プラトンは拙速な判断を戒め、思慮深さをもたらすものとしてこれを最も重要な徳目だと述べている。ＡＩにおいては個人的な願望や純粋な知的好奇心、収益などに目がくらみ判断が曇ることが大変なリスクをもたらす。ＡＩに携わる者は皆、自分自身の偏見と限界を認識し、ＡＩによってもたらされる結果が害をもたらすものであればそれを素直に認める慎みを持たなければならないのだ。

そして最後の徳目が**正義**（Justice）である。公平さと道徳心を含むもので、「責任あるＡＩ」の研究者・開発者・提供者の業務の中で中心に置くべきものである。すべての声に耳を傾けＡＩが差別や偏見を助長することがないよう常に目を配り、そうならないよう最善の方法を探求し続ける義務がある。

こうして考えてみると、古代ギリシャの哲学者たちが唱えた美徳は、このＡＩの時代においてもなお有効であり不変なのだと気づかされる。

ＡＩにより、今まで私たちができなかったこと、あるいは大変な労力をかけて行っていたことが非常に容易にできるようになった。ＡＩは私たちの生活・仕事・考え方をさらに高みへと導いてくれる、まさに文明の「利器」といえる。ＡＩのアルゴリズム（仕組み）は進化をし続け、データも増加し続けていくのであれば、ＡＩの可能性は無限大である。したがって、人間が行っている意思決定、あるいは無意識で行っている行動の多くは今後ＡＩで代替されていくようになるだろう。

だが、「利器」には「鋭くとがって切れ味のよい刃物」という意味もあることを忘れてはならない。今まで人間が行ってきた意思決定がＡＩでも行えるようになったとしても、人間がやるべきことを見失ってはならない。刃物を持つのは人間であり、人間であり続けなければならないのだ。そしてその刃物を持つ人間には、４つの徳目、「思慮」、「勇気」、「節制」、「正義」が必要なのである。

そしてＡＩを開発・活用・提供する企業・組織が、ＡＩに対する高い倫理観を持つとともに、５つの行動原則ＴＲＵＳＴ、Trustworthy（信用できる）、Reliable（信頼できる）、Understandable（理解できる）、Secure（安全が保たれている）、Teachable（共に学びあう）に基づいて「責任あるＡＩ」を実現することが、今後のリーダー企業・組織となるための条件となっていくのだ。

おわりに

本書では「責任あるＡＩ」と「ＡＩ倫理」、世界の潮流から見たＡＩのリスクとその対策、ＡＩで真にリーダーとなるための心がけ等について述べてきた。

不平等・不利益・差別への意識がこれまでになく高まっている昨今、「責任あるＡＩ」はＡＩをビジネスに活用する企業・組織にとって“nice-to-have”（あればよいもの）ではなく、“must-have”（必須のもの）になりつつある。そしてこれは一過性のものではなく恒久的な流れになりそうである。

この流れの中で、これまでＡＩが引き起こしてきた問題を振り返ってみると、あらかじめリスクを認識し十分な対策を行っていたにもかかわらず、開発者が当初予想もしていなかった形で発生しているケースが多い。図らずも世の中に存在している不平等や差別がデータの中に内在化してしまい、それがＡＩの出力結果に反映されて固定化してしまったというものだ。そう考えると、私たちの世界に不平等や差別がいかにはびこっているか、ＡＩはただ単にその世界を映し出したに過ぎないということに気づかされる。

「責任あるＡＩ」を実現するためには「ＡＩ倫理」が必要であるが、こうした状況を鑑みると、そもそも世界はどうあるべきかという、より大きな倫理観が私たちに求められているように思える。だが、こうした倫理観はＡＩの新たな可能性も開いてくれる。

そこで最後に、逆にＡＩを使ってこれまで使われてきた手法に欠陥（不平等）があったことを発見した研究について触れたいと思う。

変形性膝関節症の治療法決定の際には、膝のＸ線写真からケルグレン・ローレンス（Kellgren-Lawrence：K-L）分類という指標を使って痛みを数値化し判断する手法が一般的に用いられている。ところがこの手法による痛みの判定は、人種間で格差があるのではと指摘されている。黒人患者の場合、訴えている痛みよりも低いグレードで判定されてしまうというのだ。この場合、K-L分類が悪いか、あるいはK-L分類は正しく黒人患者が実際よりも痛みを大きく自己申告してしまう傾向がある、という2つの可能性が考えられる。

そこでスタンフォード大学エマ・ピアソンらは“An algorithmic approach to reducing unexplained pain disparities in underserved populations”（十分なサービスを受けていない集団における、痛みの原因不明の格差を是正するためのアルゴリズム的アプローチ）[61]という研究の中で、深層学習モデルで膝のＸ線画像から患者の痛みを予測してみることにした。すると従来のK-L分類を用いた痛みの判断よりも、深層学習モデルによる痛みの推定の方が人種間の格差が大幅に減少することが判明したというのだ。

K-L分類が正しければ深層学習モデルの結果と大きな差は生じないはずである。これは黒人患者が多く訴えている痛みの要因が、膝のＸ線写真を使ったK-L分類の重症度測定には反映されていない可能性、逆にいえば深層学習モデルでは黒人患者が訴えている痛みの要因が正しく捉えられている可能性を示唆する。

　これは従来の判定法の不備が、ＡＩによって発見・検証できた事例として大変興味深い成果であると同時に、ＡＩの訓練データが人種的および社会経済的多様性を考慮した公平なものである場合、既存の手法よりも優れた結果を生み出す可能性があることを示している。

　ＡＩは確かにリスクを内包する技術であるが、人間中心のデザインによりそのリスクを軽減できるだけでなく、私たちが今まで気づかなかった不平等を明らかにし、あるべき姿を実現するための手段として使うこともできるのである。

　人間は利己的で、多少なりとも偏見を持っている生き物である。どんなに広い視点で物事を見て判断しようと思ってもそれには限界があるのが実情だ。一方、ＡＩなら多くの、そして多様な人間の知恵を集め、集合知として普遍的かつ合理的な判断ができるはずだ。あるいはデジタルツイン上で膨大な試行錯誤を行い、人智を超えた優れた解を見出す可能性を秘めている。

　ＡＩは人類を飛躍的に賢くする可能性を秘めた技術であるが、一方で、本書で述べてきたようにＡＩは学習の過程で人間の偏見を取り込み、場合によっては増幅してしまうリスクと隣り合わせだ。そうして突きつけられる現実は不快なものであるが、決して目を背けてはいけない事実でもある。むしろこれまで気づかなかったそういった矛盾が明らかにされることによって、われわれはより良い世界を実現するための手掛かりを得ているともいえる。だからこそ、今、私たちに求められているのはＡＩを現実社会のあるべき姿の実現に向けて生かす姿勢、使命感ではないだろうか。

人には人の良さ、ＡＩにはＡＩの良さがある。人とＡＩが協調・協働して両者の良さを引き出せるよう、より大きな倫理観に基づいてＡＩを開発・運用し、より良い社会、新たなあるべき社会づくりを志向するのだ。

アクセンチュアにはRandy-sanというバーチャル社員（ＡＩコンシェルジュ）がおり、社内からのさまざまな問い合わせに答えている。

このＡＩコンシェルジュは、従業員が性的マイノリティに関する社内制度について人事部に問い合わせることで、結果的にカミングアウトせざるを得ないという状況を回避できるように配慮されている。チャットボットで制度の内容や手続き方法を調べ、その後の申請もオンラインで完結するため、評価やキャリアに関係する社員に知られることはないという仕組みである。

この仕組みについては、企業などの団体においてＬＧＢＴＱ、すなわちレズビアン・ゲイ・バイセクシュアル・トランスジェンダーなどの性的マイノリティに関するダイバーシティ・マネジメントの促進と定着を支援している「work with Pride」という団体からも高く評価され、２０１８年に同団体からベストプラクティス賞をいただいている。[62]

このようにこれからの世の中には、人がサポートするべきところは人が実施をしつつＡＩのほうが良いところはＡＩによって人間を支えるという環境が重要であり、ＡＩと人との間の相互理解のうえで、皆が自分の能力を最大限発揮できる土壌を育まねばならない。この土壌はまた、人間社会の多様性をも広げることになる。

人はさまざまな事情を抱えており、それが個々人の能力を発揮するうえでの制約になっていることが多い。このギャップをテクノロジーの力で乗り越えられたら？　今までできなかったこと、できないだろうとあきらめていたことが可能になり、今までできていたことはより上手に、より効率よくできるようになるだろう。その意味ではＡＩ時代はむしろ、機械、ＡＩの力を借りて、人間の能力を拡張していく時代ともいえる。

このＡＩ時代において、われわれには、世の中の課題やギャップに気づき、人の気持ちに寄り添う共感力、あるべき姿を考え続ける倫理観、技術を正しく活用し、また正しく疑うリテラシーが、今、求められているのだ。

り組みを強化していることが判明――SAS, アクセンチュア, インテル, フォーブス・インサイツ最新調査," 23 10 2018. [オンライン]. Available: https://newsroom.accenture.jp/jp/news/release-20181023.htm

(55) ICML 2020 Workshop, "Participatory Approaches to Machine Learning," 17 7 2020. [オンライン]. Available: https://participatoryml.github.io/

(56) Sarah L. Desmarais, Evan M. Lowder "Pretrial Risk Assessment Tools: A Primer for Judges, Prosecutors, and Defense Attorneys.," 2 2019. [オンライン]. Available: http://www.safetyandjusticechallenge.org/wp-content/uploads/2019/02/Pretrial-Risk-Assessment-Primer-February-2019.pdf

(57) Partnership on AI "Report on Algorithmic Risk Assessment Tools in the U.S. Criminal Justice System.," 2019. [オンライン]. Available: https://www.partnershiponai.org/report-on-machine-learning-in-risk-assessment-tools-in-the-u-s-criminal-justice-system/

(58) Leadership Conference on Civil and Human Rights et al., "The Use of Pretrial "Risk Assessment" Instruments: A Shared Statement of Civil Rights Concerns," 2018. [オンライン]. Available: http://civilrightsdocs.info/pdf/criminal-justice/Pretrial-Risk-Assessment-Full.pdf

(59) アクセンチュア, レスポンシブルAI ガバナンスガイドブック, [オンライン]. https://www.slideshare.net/Accenture_JP/ai-accenture-japan

(60) Abhishek Gupta, Alexandrine Royer, Victoria Heath et al., "The State of AI Ethics Report (October 2020)," 5 11 2020. [オンライン]. Available: https://arxiv.org/abs/2011.02787

(61) Emma Pierson, David M. Cutler, Jure Leskovec, Sendhil Mullainathan, Ziad Obermeyer, "An algorithmic approach to reducing unexplained pain disparities in underserved populations," 13 1 2021. [オンライン]. Available: https://www.nature.com/articles/s41591-020-01192-7

(62) Pride at Accenture, [オンライン]. Available: https://www.accenture.com/jp-ja/about/inclusion-diversity/lesbian-gay-bisexual-transgender

※参考文献のURLは、2021年6月時点の情報です。

(43) Klas Leino, Emily Black, Matt Fredrikson, Shayak Sen, Anupam Datta, “Feature-Wise Bias Amplification,” ［オンライン］. Available: https://openreview.net/forum?id=S1ecm2C9K7

(44) Marco Tulio Ribeiro, Sameer Singh, Carlos Guestrin, “‘Why Should I Trust You?’: Explaining the Predictions of Any Classifier,” 2016. ［オンライン］. Available: https://www.kdd.org/kdd2016/papers/files/rfp0573-ribeiroA.pdf

(45) Scott M. Lundberg, Su-In Lee, “A Unified Approach to Interpreting Model Predictions,” 2017. ［オンライン］. Available: https://proceedings.neurips.cc/paper/2017/file/8a20a8621978632d76c43dfd28b67767-Paper.pdf

(46) Pang Wei Koh, Percy Liang, “Understanding Black-box Predictions via Influence Functions,” 2017. ［オンライン］. Available: http://proceedings.mlr.press/v70/koh17a/koh17a.pdf

(47) Global Sustainable Investment Alliance, “2018 Global Sustainable Investment Review,” 2018. ［オンライン］. Available: http://www.gsi-alliance.org/wp-content/uploads/2019/06/GSIR_Review2018F.pdf

(48) アクセンチュア, “ニアショアモデルでイノベーションを．地方3拠点から見るResponsible Businessのあり方,” 15 1 2021. ［オンライン］. Available: https://www.accenture.com/jp-ja/insights/chemicals/responsible-business

(49) OpenAI, “AI and Compute,” 16 5 2018. ［オンライン］. Available: https://openai.com/blog/ai-and-compute/#fn2

(50) Emma Strubell, Ananya Ganesh, Andrew McCallum, “Energy and Policy Considerations for Deep Learning in NLP,” 2019. ［オンライン］. Available: https://arxiv.org/pdf/1906.02243.pdf

(51) MIT Media Lab, “Gender Shades,” ［オンライン］. Available: http://gendershades.org/index.html

(52) Nil-Jana Akpinar, Maria De-Arteaga, Alexandra Chouldechova, “The effect of differential victim crime reporting on predictive policing systems,” 3 2021. ［オンライン］. Available: https://nakpinar.github.io/diff_victim_crime_rep.pdf

(53) 帝国データバンク, “政策レポート SDGsと企業経営,” 10 9 2020. ［オンライン］. Available: https://www.tdb-di.com/2020/09/p2020091001.pdf

(54) アクセンチュア, “企業は人工知能の倫理的かつ責任ある利用に向けた取

(33) 公正取引委員会, “デジタル市場における競争政策に関する研究会 報告書「アルゴリズム／AIと競争政策」,” 31 3 2021. ［オンライン］. Available: https://www.jftc.go.jp/houdou/pressrelease/2021/mar/210331_digital/210331digital_hokokusho.pdf

(34) 総務省, “令和2年版 情報通信白書（第1部第1章第4節 5Gが変えるICT産業の構造 2-(3)プラットフォームレイヤーにおけるトレンド),” ［オンライン］. Available: https://www.soumu.go.jp/johotsusintokei/whitepaper/ja/r02/html/nd114230.html

(35) 一般社団法人日本生活習慣病予防協会, “生活習慣病とその予防,” ［オンライン］. Available: http://www.seikatsusyukanbyo.com/prevention/about.php

(36) 文部科学省研究振興局ライフサイエンス課生命倫理・安全対策室, 厚生労働省大臣官房厚生科学課, 医政局研究開発振興課, “人を対象とする医学系研究に関する倫理指針ガイダンス,” ［オンライン］. Available: https://www.mhlw.go.jp/file/06-Seisakujouhou-10600000-Daijinkanboukouseikagakuka/0000166072.pdf

(37) Accenture, “Defining the risk function’s sphere of control,” 3 12 2019. ［オンライン］. Available: https://www.accenture.com/us-en/insights/financial-services/global-risk-study

(38) Accenture, “READY. SET. SCALE. A practical primer on scaling AI for business value,” 2020. ［オンライン］. Available: https://www.accenture.com/_acnmedia/PDF-113/Accenture-Ready-Set-Scale.pdf

(39) Accenture, “Responsible AI: From principles to practice,” 30 3 2021. ［オンライン］. Available: https://www.accenture.com/us-en/insights/artificial-intelligence/responsible-ai-principles-practice?c=acn_glb_appliedintelliglinkedin_12116837&n=smc_0421

(40) Bryce Space and Technology, “Smallsats by the Numbers 2020,” ［オンライン］. Available: https://brycetech.com/reports/report-documents/Bryce_Smallsats_2020.pdf

(41) デヴィッド・ロバート・グライムス『まどわされない思考――非論理的な社会を批判的思考で生き抜くために』（原題：*The Irrational Ape*）長谷川圭訳, KADOKAWA, 2020.

(42) ジェイアール東日本企画, “路線プロファイル,” ［オンライン］. Available: https://www.jeki.co.jp/transit/mediaguide/data/pdf/MD_018-035.pdf

[オンライン]. Available: https://fra.europa.eu/en/publication/2020/artificial-intelligence-and-fundamental-rights

(23) Urs J Muehlematter, MD Paola Daniore, MSc, Prof Kerstin N Vokinger, PhD, "Approval of artificial intelligence and machine learning-based medical devices in the USA and Europe (2015–20): a comparative analysis," *The Lancet Digital Health* Volume 3, Issue 3 (2021), pp. E195–E203.

(24) Stanford Institute for Human-Centered Artificial Intelligence, "2021 AI Index Report," [オンライン]. Available: https://aiindex.stanford.edu/report/

(25) Elisa Jillson, Federal Trade Commission, Aiming for truth, fairness, and equity in your company's use of AI, 2021/4/19, [オンライン]. Available: https://www.ftc.gov/news-events/blogs/business-blog/2021/04/aiming-truth-fairness-equity-your-companys-use-ai

(26) MIT Media Lab, "Moral Machine," [オンライン]. Available: http://moralmachine.mit.edu/

(27) Amy Maxmen, "Self-driving car dilemmas reveal that moral choices are not universal," 24 10 2018. [オンライン]. Available: https://www.nature.com/articles/d41586-018-07135-0

(28) Carsten Schwemmer, Carly Knight, Emily D. Bello-Pardo, Stan Oklobdzija, Martijn Schoonvelde, Jeffrey W. Lockhart, "Diagnosing Gender Bias in Image Recognition Systems," SAGE Journals, 2020.

(29) Kate Crawford, Trevor Paglen, "Excavating AI:The Politics of Images in Machine Learning Training Sets," [オンライン]. Available: https://excavating.ai/

(30) 矢野経済研究所, "診断・診療支援AIシステム市場に関する調査を実施(2020年)," 17 12 2020. [オンライン]. Available: https://www.yano.co.jp/press-release/show/press_id/2589

(31) クッシュマン・アンド・ウェイクフィールド, "日本物流施設マーケットビート," 20 1 2021. [オンライン]. Available: https://www.cushmanwakefield.com/ja-jp/japan/insights/japan-marketbeat/logistics-marketbeat-report

(32) 内閣府, "令和2年度 年次経済財政報告(第4章 デジタル化による消費の変化とIT投資の課題, 第1節 デジタル化による消費の変化)," [オンライン]. Available: https://www5.cao.go.jp/j-j/wp/wp-je20/h04-01.html

(11) 厚生労働省, “e-ヘルスネット（生活習慣病）,”［オンライン］. Available: https://www.e-healthnet.mhlw.go.jp/information/dictionary/metabolic/ym-040.html

(12) 日本経済再生総合事務局, “全世代型社会保障における疾病・介護の予防・健康インセンティブに関する参考資料,” 20 3 2019.［オンライン］. Available: http://www.kantei.go.jp/jp/singi/keizaisaisei/miraitoshikaigi/dai25/siryou1.pdf

(13) アクセンチュア, “アクセンチュアと国立国際医療研究センター，生活習慣病リスクのAI予測モデル構築に向け共同研究を開始,” 12 2 2021.［オンライン］. Available: https://newsroom.accenture.jp/jp/news/release-20210212.htm

(14) 一般社団法人日本移植学会, “データで見る臓器移植,”［オンライン］. Available: http://www.asas.or.jp/jst/general/number/

(15) 東京女子医科大学 腎臓外科, “腎臓移植について,”［オンライン］. Available: http://www.twmu.ac.jp/KC/Urology/disease/kidney/transplant/caution.php

(16) アクセンチュア, “アクセンチュアと東京女子医大, 腎移植治療におけるAI活用の可能性について共同研究を開始,” 5 11 2020.［オンライン］. Available: https://newsroom.accenture.jp/jp/news/release-20201105.htm

(17) ポール・R・ドーアティ，H・ジェームズ・ウィルソン『HUMAN＋MACHINE 人間＋マシン――AI時代の8つの融合スキル』保科学世監修, 小林啓倫訳, 東洋経済新報社, 2018.

(18) Future of Life Institute, “アシロマの原則,” 2017.［オンライン］. Available: https://futureoflife.org/ai-principles-japanese/

(19) IEEE, “IEEE ETHICS IN ACTION in Autonomous and Intelligent Systems,”［オンライン］. Available: https://ethicsinaction.ieee.org/#series

(20) UNI Global Union, “Top 10 Principles for Ethical Artificial Intelligence,” 12 2017.［オンライン］. Available: http://www.thefutureworldofwork.org/media/35420/uni_ethical_ai.pdf

(21) OECD, “OECD Principles on AI,” 5 2019.［オンライン］. Available: https://www.oecd.org/going-digital/ai/principles/

(22) European Union Agency for Fundamental Rights（FRA）, “Getting the future right – Artificial intelligence and fundamental rights,” 14 12 2020.

参考文献

(1) Accenture, “Fast-Track to Future-Ready Performance,” 2021. [オンライン]. Available: https://www.accenture.com/us-en/insights/operations/_acnmedia/Thought-Leadership-Assets/PDF-4/Accenture-Future-Ready-Operations-POV.pdf

(2) アクセンチュア, “アクセンチュア最新調査――デジタルを活用した業務オペレーションの効率化とスマート化によって，5兆米ドルの経済成長が生まれることが判明,” 29 1 2021. [オンライン]. Available: https://newsroom.accenture.jp/jp/news/release-20210129.htm

(3) Accenture, “Technology Vision 2021,” [オンライン]. Available: https://www.accenture.com/us-en/insights/technology/_acnmedia/Thought-Leadership-Assets/PDF-3/Accenture-Tech-Vision-2021-Full-Report.pdf

(4) 公益財団法人日本生産性本部, “労働生産性の国際比較2020,” 23 12 2020. [オンライン]. Available: https://www.jpc-net.jp/research/detail/005009.html

(5) 厚生労働省, “令和2年版厚生労働白書―令和時代の社会保障と働き方を考える―,” [オンライン]. Available: https://www.mhlw.go.jp/stf/wp/hakusyo/kousei/19/index.html

(6) ダニエル・カーネマン『ファスト＆スロー――あなたの意思はどのように決まるか（上・下）』早川書房, 2012.

(7) リクルートキャリア, “「ジョブ型雇用」に関する人事担当者対象調査2020,” 3 12 2020. [オンライン]. Available: https://www.recruitcareer.co.jp/news/pressrelease/2020/201203-01/

(8) 塩野七生『ローマ人の物語8 ユリウス・カエサル ルビコン以前［上］』新潮社, 2004.

(9) 株式会社富士経済プレスリリース, “医療ビッグデータビジネスの国内市場を調査,” [オンライン]. Available:https://www.fuji-keizai.co.jp/file.html?dir=press&file=20052.pdf&nocache

(10) アクセンチュア, “AI POWEREDサービス：経営・本社機能,” [オンライン]. Available: https://www.accenture.com/jp-ja/services/applied-intelligence/ai-powered-services-management

アクセンチュアについて

アクセンチュアは、デジタル、クラウドおよびセキュリティ領域において卓越した能力で世界をリードするプロフェッショナル サービス企業です。40を超える業界の比類のなき知見、経験と専門スキルを組み合わせ、ストラテジー＆コンサルティング、インタラクティブ、テクノロジー、オペレーションズサービスを、世界最大の先端テクノロジーセンターとインテリジェントオペレーションセンターのネットワークを活用して提供しています。アクセンチュアは56万9,000人の社員が、世界120カ国以上のお客様に対してサービスを提供しています。アクセンチュアは、変化がもたらす力を受け入れ、お客様、社員、株主、パートナー企業や社会へのさらなる価値を創出します。

アクセンチュアの詳細はwww.accenture.com/us-enを、アクセンチュア株式会社の詳細はwww.accenture.com/jpをご覧ください。

著者紹介

保科学世（ほしな・がくせ）

アクセンチュア
ビジネス コンサルティング本部
AIグループ日本統括　AIセンター長

慶應義塾大学大学院理工学研究科博士課程修了。博士（理学）。アクセンチュアにてAI・アナリティクス部門の日本統括、およびデジタル変革の知見や技術を結集した拠点「アクセンチュア・イノベーション・ハブ東京」の共同統括を務める。AI HUBプラットフォームや、業務領域ごとに体系化したAIサービス群「AI POWEREDサービス」、需要予測・在庫補充最適化サービスなどの開発を手がけるとともに、アナリティクスやAI技術を活用した業務改革を数多く実現。『アクセンチュアのプロが教える AI時代の実践データアナリティクス』（共編著、日本経済新聞出版）、『日経ムック AIフロンティア』（監修、日本経済新聞出版社）、『HUMAN＋MACHINE 人間＋マシン』（監修、東洋経済新報社）、『データサイエンス超入門――ビジネスで役立つ「統計学」の本当の活かし方』（共著、日経BP社）、『アクセンチュアのプロフェッショナルが教えるデータ・アナリティクス実践講座』（監修、翔泳社）など著書・監修書多数。厚生労働省保健医療分野AI開発加速コンソーシアム構成員などを歴任。一般社団法人サーキュラーエコノミー推進機構理事。

鈴木博和（すずき・ひろかず）

アクセンチュア
ビジネス コンサルティング本部
AIグループ　シニア・マネジャー

東京工業大学大学院情報理工学研究科計算工学修士課程、東京理科大学大学院イノベーション研究科技術経営修士課程修了。事業会社にて十数年におよびAIの研究開発・マネジメントおよびエネルギー・デバイス・メディカルなど多領域での研究企画に従事。その後、IT系コンサルティング会社にて主に情報通信・流通・メディカル業界のクライアントに対し、自然言語処理を中心としたソリューションのPoC～導入・運用支援を多数経験。現在はアクセンチュアにて、AI POWEREDサービスの一つ、AI POWEREDバックオフィスの開発・提案・デリバリーのリードを行いながら、さまざまなAI技術を活用した業務改革の実現に日々奔走している。

責任あるAI
「AI倫理」戦略ハンドブック

2021年9月2日発行

著　者——保科学世／鈴木博和
発行者——駒橋憲一
発行所——東洋経済新報社
〒103-8345　東京都中央区日本橋本石町1-2-1
電話＝東洋経済コールセンター　03(6386)1040
https://toyokeizai.net/

カバーデザイン…………橋爪朋世
本文デザイン・DTP……アイランドコレクション
印刷・製本……………丸井工文社
編集担当………………藤安美奈子

Printed in Japan　ISBN 978-4-492-76256-1